U0578891

集人文社科之思 刊专业学术之声

集 刊 名：中国社会组织研究
主办单位：上海交通大学国际与公共事务学院
　　　　　上海交通大学中国公益发展研究院
　　　　　上海交通大学第三部门研究中心
主　　编：徐家良

Vol.25 CHINA SOCIAL ORGANIZATIONS RESEARCH

第25卷

集刊序列号：PIJ-2015-157

中国集刊网：www.jikan.com.cn/ 中国社会组织研究

集刊投约稿平台：www.iedol.cn

中文社会科学引文索引（CSSCI）来源集刊
AMI（集刊）入库集刊
中国学术期刊网络出版总库（CNKI）收录
集刊全文数据库（www.jikan.com.cn）收录

上海交通大学国际与公共事务学院
上海交通大学中国公益发展研究院
上海交通大学第三部门研究中心

中国社会组织研究

徐 家 良／主 编

CHINA
SOCIAL ORGANIZATIONS
RESEARCH

第 2 5 卷
Vol. 25 (2023 No.1)

社会科学文献出版社
SOCIAL SCIENCES ACADEMIC PRESS (CHINA)

主编的话

　　值《中国社会组织研究》第 25 卷出版之际，有必要回顾上海交通大学中国公益发展研究院、第三部门研究中心自 2022 年 11 月至 2023 年 3 月在举办和参加学术会议、智库建设、科研和社会服务等方面所做的工作，概括为以下二十五件事。

　　第一件事，中央财政支持社会组织参与社会服务项目结业。11 月 2 日，由上海市民政局指导，上海交通大学教育发展基金会、上海交通大学中国公益发展研究院举办的中央财政支持社会组织参与社会服务项目（2022）——高质量发展上海社区社会组织专业人才培训班举行结业仪式。结业仪式采用线上与线下相结合的形式，由 7 月第一期、8 月第二期和 10 月第三期全体学员参与。本次培训圆满结束，共有 900 多名学员参加。

　　第二件事，参加以慈善为主题的学术论坛。11 月 3 日上午，应南京大学邀请，线上参加首届"苏信弘善·河仁慈善论坛"，我作了题为"第三次分配与慈善培育政策系统化"的演讲。

　　第三件事，围绕社会组织、慈善事业和基层治理等主题作了不少讲座。11 月 3 日下午，在长宁区北新泾街道绘就"同心圆"——北新泾社区核心志愿者线上课堂活动上，我作了题为"关于上海志愿服务工作概况"的讲座。11 月 4 日，于上海市民政干部学校，我给上海基金会培训班授课，授课题目为"第三次分配中基金会的作用"。11 月 10 日，参加由民政部全国社会组织教育培训基地（上海交通大学）、上海浦江社会组织创新发展研究院、上海伯乐产业人才发展基金会共同举办的第三期行业协会商会秘书长培训班，作了题为"行业协会组织治理"的培训。11 月 11 日，在上海交通大学长宁校区给云南省怒江州相关部门领导授课，授课题目为"风险防控与社会治理"。11 月 14 日，由江苏省民政厅主办、无锡爱德社会工作发展中心承办的 2022 年中央财政支持社会组织参与社会服务项目"江苏省社区社会组织骨干培训班"（第二期）在无锡举行，作了题为"社会组织评估政策与实践"等的专题辅导讲座。11 月 17 日，应苏州大学社会学院邀请，我作了题为"第三次分配制度安排与社会组织高质量发展"的讲座。11 月 25 日，线上给山东工商学院公共管理学院作了题为"中国式现代化与公共管理研究范式的转型"的讲座。12 月 23 日，线上给广州社会组织研究院作了题为"中国式新征程中的社会组织"的讲座。2023 年 2 月 23 日，在浙江工商大学英贤慈善学院，围绕"社区自组织的形式和生成路径"作了主题讲座。

第四件事，参加社会组织评估委员会会议。11 月 8 日，线上参加民政部 2022 年全国性社会组织评估委员会会议。12 月 8 日，参加上海市静安区社会组织评估委员会会议。2023 年 1 月 18 日，参加上海市社会组织评估委员会会议。

第五件事，参加慈善、志愿服务等主题的学术研讨会。11 月 8 日，由杨浦区民政局举办的围绕"共同富裕新征程中慈善超市面临的挑战与机遇"主题的社区慈善沙龙，从理论和实务的角度共同探讨慈善超市发展路径，我作了点评。12 月 10 日上午，线上参加由公益慈善学园和南京大学社会学院主办的第四届社会创业青年论坛，作了题为"中国社会企业发展的三个趋势"的主旨发言。同日下午，线上参加由南京师范大学公共管理学院组织的瑞华慈善文化研究院建设方案及首批课题选题论证会。2023 年 1 月 15 日，线上参加山东大学国家治理研究院社会治理论坛，作了题为"社区共治：五社联动与共同体建设"的发言。2023年3月1日，应上海市文明办、市志愿者协会邀请，参加"沪上志愿坊"主题沙龙，作了题为"志愿服务精神传播与志愿服务高质量发展"的发言。3月4日，在浙江省德清县参加第三届长三角志愿服务一体化发展论坛暨"新时代志愿服务高质量发展"莫干山论坛，作了题为"志愿服务的边界与高质量发展趋势"的发言。

第六件事，参加由高校、政府、社会组织举办的各类会议。11月12日，教育部－浙江省省部共建社会组织与社会治理协同创新中心启动仪式暨第一次工作会议在浙江大学举行，我代表协同单位上海交通大学作了发言。12月5日，线上参加由民政部社会组织管理局举办的《社会团体年度检查办法（征求意见稿）》研讨会，我提出了一些修改意见及建议。2023年3月6日，参加由上海长三角社会组织发展中心召开的"长三角社会组织高质量发展研讨会"，与来自浙江、江苏、安徽、上海三省一市的社会组织交流经验。

第七件事，学习党的二十大精神。在《中国社会组织》2022年第21期（11月上）发表文章《深入学习党的二十大报告 把握社会组织发展重点》。

第八件事，参加理事会会议。12月2日，作为上海市慈善基金会理事，参加理事会会议。2023年3月4日，作为上海长三角社会组织发展中心理事长，在浙江省德清县参加理事会会议。3月16日，参加北京仁泽公益基金会理事会会议。

第九件事，参加评审会。12月4日，在公益新天地参加公益之申评选。

第十件事，开展徐汇区新时代文明实践及志愿服务实地调研。受徐汇区宣传部（文明办）委托，从12月9日开始，对徐汇区志愿服务开展情况进行为期一周的实地调研，上海交通大学张其伟、成丽姣参与。

第十一件事，举办学术讲座。为增强研究生的学术写作规范意识，提高论文写作水平，于12月6日邀请《学术月刊》资深编辑王胜强线上作了题为"学术规范与论文基本研究方法"的讲座。

第十二件事,举办以慈善组织数字化建设为主题的论坛。12 月 22 日,上海交通大学中国公益发展研究院与腾讯公益慈善基金会联合举办"慈善组织数字化报告发布暨慈善事业与数字技术主题沙龙",由腾讯公益慈善基金会资助、上海交通大学中国公益发展研究院完成的《中国大型慈善组织数字化建设研究报告(2022)》在上海发布。

第十三件事,召开民政部部级课题研讨会。2023 年 1 月 8 日,由民政部委托、上海交通大学中国公益发展研究院承接的民政部部级课题"提升社区民政工作整体合力和综合效能研究"研讨会在线上召开。会议由民政部政策研究中心主任王杰秀主持,上海交通大学党委党务副书记顾锋致辞,上海交通大学国际与公共事务学院院长吴建南对各位与会嘉宾表示感谢,我对课题研究报告作了重点介绍。

第十四件事,举行《慈善法》修订草案研讨会。2023 年 1 月 13 日,上海交通大学中国公益发展研究院与清华大学公益慈善研究院、上海复恩法律研究与服务中心在上海公益新天地共同举行《慈善法》修订草案研讨会。

第十五件事,参加长三角社会组织协同发展大会。12 月 12 日,上海交通大学与苏州市委"两新"工委、苏州市民政局、苏州市社会组织促进会等共同主办"学习二十大 奋进新征程"2022 长三角社会组织协同发展苏州大会,我作了总点评。

第十六件事,举办成都社区书记上海参访活动。2022 年 12 月 18 日至 21 日、2023 年 2 月 5 日至 8 日,为提高社区书记的社区发展治理能力,上海交通大学中国公益发展研究院举办"菁治成长计划"暨金牛区优秀社区书记培养计划(2022),面向成都金牛区社区书记开展上海参访见学活动。活动共开设两个班次,第一个班是在疫情期间,第二个班是在疫情之后。

第十七件事,参加上海交通大学文科学术委员会会议。2023 年 1 月 12 日,在学校行政楼参加上海交通大学文科学术委员会会议。学校党委常务副书记顾锋主持会议，文科建设处处长吴文锋介绍了交大文科发展情况。

第十八件事，参与发布社会组织十件大事。2023 年 1 月 14 日，上海交通大学中国公益发展研究院联合中国社会组织促进会、清华大学公益慈善研究院、北京万众社会创新研究院、《中国社会组织》杂志共同发布"2022 年社会组织十件大事"。这项活动从 2016 年开始，已经持续多年，在社会中产生了较大的影响。

第十九件事，参加上海交通大学教授评审会。2023 年 1 月 20 日，参加上海交通大学 2022 年度高级专业技术职务聘任校级评审会（人文社科组）。这几年我都参加了校级评审会，但今年是最晚的一次，第二天就是除夕。

第二十件事，为 B 站颁发"年度社会贡献奖"。2023 年 1 月 21 日，2022 年 B 站百大 UP 主名单正式公布并举行颁奖典礼，应邀颁发"年度社会贡献奖"。颁发这一奖项的目的是肯定 UP 主们在公益项目中的付出，希望能够鼓励更多人关注并参与公益活动。

第二十一件事，参加上海交通大学校务委员会会议。2023 年 2 月 25 日，作为校务委员会委员参加上海交通大学第十三届校务委员会第二次会议。校党委书记、校务委员会主任杨振斌主持会议并讲话，校长丁奎岭作学校发展报告。

第二十二件事，参加由上海市慈善基金会举办的音乐晚会。2023 年 2 月 25 日，参加由上海音乐学院演出的"蓝天下的至爱·安利之夜"慈善音乐会。

第二十三件事，参加由上海市慈善基金会举办的慈善晚会。2023 年 2 月 26 日，到东方电视台东视演播剧场参加由上海市精神文明建设委员会办公室、上海市慈善基金会、上海市红十字会等共同主办的第二十九届"蓝天下的至爱"大型慈善晚会。

第二十四件事，参加国家社会科学基金重大项目开题会。2023 年 3 月 13 日，应邀参加同济大学政治与国际关系学院吴新叶教授作为首席专家的国家社会科学基金重大项目"党的十八大以来党领导社会建设的实践和经验研究"开题会。

第二十五件事，参加民政政策倡导会。2023 年 3 月 19 日，应民政部邀请参加民政政策观察点工作启动暨研讨会，作了题为"善用理论关注问题，精准完善民政政策"的发言。

通过梳理以上工作可以发现，上海交通大学中国公益发展研究院和第三部门研究中心做了不少实事，在国内外发挥着积极作用。

本卷共有七篇主题论文。

第一篇论文由江苏科技大学人文社科学院教授陆海燕、浙江工商大学英贤慈善学院教授周俊所写，题目为"社会力量参与第三次分配的多元路径——以新的社会阶层为对象的扎根理论分析"。以新的社会阶层为对象的扎根理论分析表明，社会力量参与第三次分配主要存在直接参与和委托参与两大路径。两大路径下又存在慈善活动、互助、公益创业、通过非营利组织参与和通过金融机构参与 5 种次级路径，以及慈善捐赠、志愿服务、非营利服务等 11 种具体参与方式。

第二篇论文由华东师范大学公共管理学院教授张冉、华东师范大学公共管理学院博士研究生楼鑫鑫所写，题目为"中国社会组织参与社区治理的研究进路与知识框架"。论文以 2000～2022 年发表在 CNKI 中文核心期刊的 325 篇文献为研究样本，使用文献计量分析方法，通过发表趋势、核心学者和研究热点演进等方面呈现我国社会组织参与社区治理的研究概况。然后，论文基于对 40 篇 CSSCI 期刊文章的精读与分析，构建了社会组织参与社区治理"理论－前因－过程－结果－情境"的 TAPOC 知识框架。

第三篇论文由广东财经大学公共管理学院教授万方、广东财经大学公共管理学院博士研究生孙向阳、广东财经大学会计学院副教授周茜所写，题目为"社会资本对时间银行互助养老满意度的影响研究"。论文以广州南沙时间银行两个社区服务点的互助养老参与者为样本框抽取样本数据，根据社会资本的三个功能维度，即信任、规范与网络，建立与互助养老满意度的结构模型，测量社区社会资本存量并检验其对互助养老满意度的影响。

第四篇论文由苏州大学社会学院副教授朱志伟、苏州大学社会学院教授宋言奇所写，题目为"政府推动社会企业参与社区服务的行动策略与逻辑——基于C市W区的实证考察"。论文以政府如何推动社会企业参与服务为研究起点，运用个案研究，分析政府推动社会企业参与社区服务的行动策略与内在逻辑。现阶段政府主要通过显性助推策略、隐性助推策略与关联性助推策略的应用为社会企业参与社区服务提供支持，其内在行为蕴含着治理创新逻辑、公民服务逻辑、主体再造逻辑。而且，随之形成的助推式融合具有很强的现实回应性，可以成为社会企业社区化发展的范式选择。

第五篇论文由南开大学周恩来政府管理学院社会学（社会工作与社会政策）博士研究生吴佳峻，华东理工大学社会与公共管理学院社会工作系副教授、博士生导师徐选国所写，题目为"共生性自主：第三方评估本土实践的理论范式——基于对上海H区妇联项目评估实践的历时性考察"。论文基于"结构－行动"的整合方法论路径，以职业自主性为理论依据，搭建政策自主性与专业自主性互构的分析框架。研究发现，第三方评估职业自主性的生成是政策自主性与专业自主性互构的结果，是一种基于共容利益导向采取的有共识性的集体行动。需要进一步指出的是，这种共容利益是由第三方评估的本质、专业实践的社会化导向以及群团改革背景下H区妇联的群众化导向共同塑造的。共生性自主是基于第三方评估秉持的本质导向与H区妇联的目标不断发生耦合的一种本土化实践的理论范式。

第六篇论文由成都师范学院讲师邹新艳和上海交通大学国际与公共事务学院教授徐家良所写，题目为"数字治理背景下社会组织信用监管体系建设路径研究"。论文借鉴数字治理理论，提出以信用监管制度为保障、协同工作网络为依托、智慧信息技术为支撑的"三维一体"社会组织信用监管体系，对成都市社会组织信用监管实践展开研究，并在此基础上提出社会组织信用监管体系建设路径。

第七篇论文由山东工商学院外国语学院讲师高延君、上海海洋大学海洋文化与法律学院教授张祖平所写，题目为"韩国国际志愿服务风险管理经验与启示"。论文认为，国际志愿服务相比于国内志愿服务最大的区别在于工作环境的改变与迁移。与国内不同的语言、文化、种族和生活环境决定了国际志愿者面临更大的压力和挑战，因此国际志愿服务要求志愿者具备更强的风险管控能力。韩国从 20 世纪 90 年代初就开始外派志愿者，在 30 多年的国际志愿服务中，韩国迅速完善了国际志愿服务风险管理体系，建立了安全风险把控体系、医疗救助服务体系、心理健康管理体系和归国就业辅助体系。

在七篇主题论文的基础上，本卷还有书评、访谈录和域外见闻。

"书评"栏目有两篇文章。第一篇文章的题目是"处理复杂性问题的工具——评《公益创业：一种以事实为基础创造社会价值的研究方法》"。该文根据《公益创业：一种以事实为基础创造社会价值的研究方法》一书，总结和归纳了公益创业的产生背景、创业过程以及具体形态等，为公益创业家们提供必要的知识、工具和技能，为处理复杂的社会问题提供借鉴和参考。第二篇文章的题目是"再论日本公共性的变迁：非营利部门的主流化——读《社会治理视域中的日本非营利组织》"。《社会治理视域中的日本非营利组织》一书系统呈现了非营利组织制度体系的面貌与实践特征。该文尝试一种分析视角的对调——通过聚焦福利服务体系这一相对具体的社会治理场景，以"自下而上"的方式窥探"公共性"在日本社会中的变迁，以呈现非营利部门在其中所发挥的作用以及在社会治理中走向主流的过程。

"访谈录"栏目有两篇文章。第一篇文章介绍了无锡新吴区九色公益服务中心的数字化转型过程。无锡新吴区九色公益服务中心成立于 2014 年 1 月。2019 年成立党支部后，该公益服务中心对发展布局、策略、方式、机制等做出重大调整，以党建引领推动发展理念创新、服务转型、机制激活、数字赋能，为其服务社会、超越自我提供了强大的动能，使其核心竞争力、社会影响力、服务满意度大幅提升。2021 年，其作为唯一的社会服务机构获评"无锡高质量发展先进集体"。第二篇文章介绍了苏州市社会组织促进会在社会组织培育中的枢纽支持功能。苏州市社会组织促进会是全市性、联合性、枢纽型社会团体，江苏省 5A 级社会组织、江苏省示范性社会组织。2011 年 11 月，该促进会由苏州市民政局联合市科协、市总商会、市体总、市文联、市社科联、市志愿者总会、市慈善总会、市工经联 8 家社会团体共同发起成立，功能定位是全市社会组织党群服务中心、创新赋能中心、协同发展中心。2021 年 10 月和 2022 年 12 月，该促进会成功主办第一届、第二届"长三角社会组织协同发展苏州大会"，第一届大会获评"2021 年中国社会组织十件大事"。

"域外见闻"栏目介绍了美国马萨诸塞州社区合作伙伴（CP）计划和社区服务机构（CSA）。美国马萨诸塞州通过实施社区合作伙伴计划和建立社区服务机构实现了医疗服务在社区范畴内的嵌入。该文从服务内容、组织架构、经费来源等方面对社区合作伙伴计划、社区服务机构进行了系统性分析，发现其在社区内部针对广泛居民特别是行为健康患者、老年人等特殊群体提供高效、便捷、稳定的护理服务，并对专业医疗服务资源进行整合，以实现差异化、针对性的医疗服务。同时，社区合作伙伴计划、社区服务机构与政府、专业医疗机构及社区居民建立良好的合作关系是医疗服务下沉社区的关键要素。

上海交通大学文科建设处处长吴文锋、副处长解志韬和高延坤，上海交通大学国际与公共事务学院院长吴建南、党委书记章晓懿等领导为中国公益发展研究院、第三部门研究中心和《中国社会组织研究》集刊提供了强有力的支持和诸多的便利。《中国社会组织研究》也是我担任上海交通大学国际与公共事务学院特聘教授和上海交通大学中国城市治理研究院研究员的重要成果。

特别感谢社会科学文献出版社王利民社长、杨群总编辑的关心和孟宁宁编辑的认真负责！

　　为提高编辑出版服务的水平，编辑部团队充分发挥集体智慧，确保论文质量。《中国社会组织研究》将努力为国内外学术界、实务界和管理机构提供一个促进社会组织信息交流与平等对话的平台，倡导学术创新，遵守学术规范，发表创新性的论文，不懈追求对理论的新贡献。为了梦想，砥砺前行，我们一同成长！

徐家良

2023 年 3 月 20 日于上海固川路中骏天悦心斋

内容提要

《中国社会组织研究》是中文社会科学引文索引（CSSCI）来源集刊，主要发表第三次分配、社会组织、社会企业、慈善公益、社区治理等方面的研究成果。本卷收录主题论文 7 篇、书评 2 篇、访谈录 2 篇、域外见闻 1 篇。主题论文涉及社会力量参与第三次分配、社会组织参与社区治理、时间银行、社会企业参与社区服务、妇联项目评估、社会组织信用监管体系、志愿服务风险。书评分别对《公益创业：一种以事实为基础创造社会价值的研究方法》和《社会治理视域中的日本非营利组织》进行了评述。访谈录介绍了无锡新吴区九色公益服务中心的数字化转型过程以及苏州社会组织促进会在社会组织培育中的枢纽支持功能。域外见闻介绍了美国马萨诸塞州政府通过吸纳第三方社会力量，采用政府购买服务方式在社区范围内全面落实、覆盖医疗保障的实践经验及对我国的启示。

目　　录

主题论文

书　评

访谈录

域外见闻

社会力量参与第三次分配的多元路径

——以新的社会阶层为对象的扎根理论分析[*]

陆海燕　周　俊[**]

摘　要： 发挥第三次分配作用推动共同富裕，需要为社会力量提供适当的参与路径，但既有研究尚无法提供一个相对全面和系统的参与路径。以新的社会阶层为对象的扎根理论分析表明，社会力量参与第三次分配主要存在直接参与和委托参与两大路径。两大路径下又存在慈善活动、互助、公益创业、通过非营利组织参与和通过金融机构参与 5 种次级路径，以及慈善捐赠、志愿服务、非营利服务等 11 种具体参与方式。多元路径的提出，能够为社会力量参与第三次分配的实践发展和政策优化提供理论参考。

关键词： 社会力量；第三次分配；参与路径；新的社会阶层

[*]　基金项目：教育部哲学社会科学研究重大课题攻关项目"全面建设社会主义现代化国家新征程中加快实现共同富裕研究"（项目编号：21JZD019）。

[**]　陆海燕，江苏科技大学人文社科学院教授，武汉大学政治学博士，主要从事社会治理与公共服务研究，E-mail：petrel-lu@163.com；周俊，浙江工商大学英贤慈善学院教授，浙江大学哲学博士，主要从事政社关系、社会组织研究，E-mail：china.zhoujun@139.com。

一　问题的提出

第三次分配是新时代推进国家治理现代化进程中的重大命题。当前，第三次分配已经被纳入基础性制度安排，进入实际操作阶段（孙春晨，2022）。在此形势下，调动公民个体、企业和社会组织等社会力量的参与积极性，是充分发挥第三次分配作用的题中应有之义，为此，明确参与中的一些基础性问题，厘清参与路径无疑是一项重要工作。

从实践发展来看，虽然第三次分配是一项新事业，但社会力量基于道德自觉在社会财富再分配中发挥的作用长久存在，这为理解第三次分配的参与路径提供了现实基础。从理论研究来看，当前学界对第三次分配的参与路径有所关注。研究者大多将第三次分配基本等同于慈善，认为慈善捐赠、志愿服务、举办公共事业和文化艺术活动是参与的主要形式。然而，第三次分配毕竟不是慈善。参与第三次分配的路径是否与参与慈善的路径完全相同，是十分值得讨论的问题。不仅如此，目前学界对慈善的参与路径也缺乏系统性讨论，既有参与路径之间的关系同样尚待厘清，这也提出了进一步开展研究的必要性。

集中分布在新经济组织、新社会组织中的新的社会阶层①，作为改革开放的最大受益者，聚集了大部分财富，在实现个体人生价值和国家繁荣富强方面具有强烈愿望，在促进经济社会发展和推动共同富裕中发挥了重要作用。而且从现有研究来看，新的社会阶层参与公益慈善活动、志愿服务和社区治理的比例较高，具有强烈的利他主义行为倾向（张晓刚，2017）。故而，本文以新的社会阶层为具体研究对象探讨社会力量参与第三次分配的实践路径，具体研究过程为基于访谈资料提取参与路径并对其进行类型划分和理论阐释。下文先回顾既有文献，接

①　2015 年颁布的《中国共产党统一战线工作条例（试行）》规定，新的社会阶层人士主要由"私营企业、外资企业的管理人员和技术人员""中介组织从业人员""自由职业人员"等组成。

着对访谈资料进行扎根理论分析以建构参与路径模型，然后对理论模型进行阐释，最后是研究结论与讨论。

二　文献回顾

第三次分配是与第一次分配、第二次分配相对而言的，是一个本土概念。国外没有直接针对第三次分配的研究，但如果将道德信念推动财富分配看作第三次分配的核心特征，那么慈善、亲社会行为和利他主义是与第三次分配极为相似的概念，其相关讨论也可以为本研究提供有益借鉴。在英文中，当指称向他人给予的行为时，"慈善"、"亲社会行为"和"利他主义"经常被交换使用，其中"慈善"的使用最为广泛，相关研究也极为丰富。

"慈善"在词源上指人类之爱、对整个人类的仁慈和普遍的善意（Sulek，2010）。在慈善起源上，有研究认为，西方的慈善主要源于宗教，早期体现为宗教组织对贫困群体的帮扶和救助。19 世纪末 20 世纪初，基金会这一致力于解决大规模社会问题的慈善组织的兴起，开启了现代慈善事业，并且推动了大众慈善的发展，使个体捐赠和志愿服务日渐普及（Zunz，2012）。

基于长期的实践发展，当前西方学界多将慈善理解为旨在缓解苦难和提升人类生活质量的行动。这些行动包括志愿向处境不利者提供服务，以及关注作为一个整体的社会的健康（Cheal，1986）。基于此，慈善在操作上可以界定为两种活动——捐赠和志愿服务（Bryant et al.，2003）。捐赠包括给予个体和组织金钱、财产或任何有形的物品；志愿服务关系到帮助和服务需求者所花费的时间和努力。相较而言，捐赠通常不与受助者直接发生互动，而志愿服务常常会在志愿者和受助者之间形成互动关系（Penner，2002）。

在 20 世纪，美英等国家出现了区别于传统慈善捐赠的新慈善形式——互助，即个人将其资源集中起来以支持基于共同利益形成的组织或群体。与传统慈善不同，互助强调成员内部的合作、亲身参与、非传统的捐赠和志愿行动，以及解决草根问题（Eikenberry，2008）。舍维什和海文斯将这种新现象称为从"需求方"慈善到"供给方"慈善的转变（Schervish & Havens，2001）。21 世纪初期，西方学界对慈善创新问题的讨论更加热烈，其中最为引人关注的是著名学者莱斯特·萨拉蒙（Lester Salamon）的观点。他提出，随着传统慈善捐赠模式到达"瓶颈"状态，一些新工具如社会影响力投资等进入慈善领域，包括社会影响力投资组织、新型拨款组织等新的慈善主体出现，它们将来自银行、养老基金、保险公司、高净值人群等的新资金投向社会企业、低利润有限责任公司、非营利组织等，从而使社会参与慈善的形式更加丰富（Salamon，2014）。在慈善创新的过程中，政府角色也不断发生变化，除强调政府应为慈善业发展提供政策支持外（Bittker，1972），政府与慈善机构建立合作伙伴关系或协作关系受到高度重视（Salamon，1995）。

国内学界对第三次分配的讨论始于厉以宁于 1991 年发表的《论共同富裕的经济发展道路》一文。厉以宁（1991）提出，除了市场力量、政府力量能调节收入分配之外，道德力量也能发挥作用，它主要对初次分配和再分配的结果产生作用，三次分配共同作用才能促进共同富裕。此后，学界关于第三次分配的探讨一直在延续。近年来，随着党和国家的日渐重视，关于第三次分配的研究达到新高潮。学者们基本认为，第三次分配的本质是道德情感驱动的、以社会自助和互助方式开展的一种分配活动，第三次分配形态各异，广泛分布在家庭、邻里、社群、公益慈善及混合经济领域（黄春蕾，2023）。综合来看，目前相关研究主要停留在理论探讨，多聚焦于第三次分配的内涵、作用、实现机制等，其中少数研究涉及参与路径问题。

对参与路径的讨论认为，我国在第三次分配制度体系建设过程中，逐步建构了第三次分配制度化的实现机制（王扬、邓国胜，2021）。在具体参与路径方面，有研究提出，第三次分配是个人、企业、社会组织等社会力量通过慈善捐赠与捐献、慈善服务等多种方式对社会资源和社会财富进行分配、促进社会资源流动的行为（张国清，2015）。有学者认为，仅仅从慈善角度理解第三次分配过于狭隘。例如，江亚洲、郁建兴（2021）认为慈善捐赠、社会企业、志愿服务和文化艺术都是当前第三次分配推动共同富裕的路径；卢倩倩等（2021）提出，第三次分配主要包括社会力量举办公益性医院、学校、养老服务等事业或者进行慈善捐赠等。也有学者指出，社会组织是极为重要的社会力量，是第三次分配的积极参与者。以社会组织为主体的研究提出，第三次分配有利于激励社会组织提升自身能力，有效融入基层治理格局，强化社会联结（徐家良，2021）。社会组织参与第三次分配的路径主要有公益创投（周俊、杨鑫源，2022）、政府购买服务（关爽，2021）、志愿服务（王晓杰、陈晓运，2016）、社区互助（朱健刚等，2022）以及社会企业（何立军、李发戈，2022）。

由上可见，国外与第三次分配最为相关的慈善研究将参与慈善的路径分为捐赠、志愿服务和互助三种类型，并且关注了社会影响力投资、社会企业等新慈善工具的应用；国内研究在第三次分配参与路径问题上主要引用慈善研究的观点，基本形成共识的参与路径包括捐赠和志愿服务。从总体上看，国外研究是否适用于我国当前的情况还需要进一步讨论，而国内研究尚无法提供一个内容丰富、层次清晰的第三次分配参与路径框架，尤其是从新的社会阶层这一重要的社会力量视角出发的相关研究亟须推进。

三　参与路径的扎根理论分析

（一）研究设计

虽然当前的英文文献对慈善捐赠、志愿服务和互助等道义型资源分配方式已有较为系统化的讨论，但第三次分配毕竟不等同于西方慈善，因此我们难以将这些观点直接用于对我国社会力量参与的分析，而需要对其进行进一步检验。与此同时，国内既有文献对社会力量参与第三次分配的路径缺乏系统性讨论，不存在现存的可借鉴的理论框架。因而，本文针对新的社会阶层这一活跃的参与主体开展调查，通过访谈了解他们参与第三次分配的路径和他们的相关认知，并借助扎根理论方法对访谈资料进行分析，以期提炼参与路径的理论模型。

对新的社会阶层的访谈于 2021 年 9～10 月在上海进行。之所以选择上海为调研地，主要是因为上海新的社会阶层产生早、发展快、规模大、分布广、能量强、功能作用显著（上海市委统战部课题组，2014），具有较强的典型性。从实践情况来看，上海新的社会阶层热衷于参加各类公益慈善活动，2017 年的一项研究表明，将近一半的受访者在 2016 年间曾经向慈善机构捐款或捐物并积极参与志愿活动（张海东等，2017）。调研通过线上线下相结合的形式开展，共举办了 3 次线下座谈会（欧美同学会座谈会、新联企业家座谈会以及金融机构和社会组织座谈会）、2 次个人线下访谈和 13 次个人线上访谈。每次座谈时长为 3 小时，个体访谈单人时长为 0.5～2.5 小时，共获得文字资料约 20 万字。访谈对象包括在上海从业的私营企业和外资企业管理技术人员、律师、新媒体和社会组织从业人员等新的社会阶层人士共 49 人。

在征得访谈对象同意的前提下，研究人员进行了访谈录音并将其转录为文字，在进一步校验与核对后将所有访谈记录按照 1～18 的序号进行编码，将其作为扎根理论分析的原始数据。研究人员从 15 份个人访谈和 3 份座谈会访谈中先随机选择 2/3 的访谈记录（10 份个人访谈和 2 份座谈会访谈）进行研究，剩下的 1/3 访谈记录（5 份个人访谈和 1 份座谈会访谈）用于理论饱和度检验。

（二）扎根理论分析与数据结果

扎根理论秉承象征互动论的传统，强调对社会的了解应基于当事人的日常生活经验与自我认知（瞿海源等，2013）。通过对访谈资料进行编码，研究者可以界定资料中发生的事情，并且理解它们的意义（卡麦兹，2009），进而提炼出"接近真实世界、内容丰富、统合完整、具解释力的理论"（Strauss & Corbin，2008）。本研究借鉴施特劳斯（Strauss）和科尔宾（Corbin）的扎根理论，在现象的基础上按文献探索、资料收集、资料分析、分类与编码、关键事件的本土概念和理论构建这一流程进行研究。

开放式编码。开放式编码的主要目的在于对所有访谈材料进行逐字逐句阅读，对其中的行动、事件、过程等片段加以分解、比较，然后按新的标签进行重新组合和归类（瞿海源等，2013）。本研究围绕参与者对第三次分配参与路径的认知，将 15 份个人访谈资料导入 Nvivo12 进行分析，遵循编码的开放性、全面性和独立性原则，在划定原始事件的基础上形成原始概念，再对原始概念进一步范畴化，获得向困难群体捐赠、灾害中的捐赠等 40 个范畴。

主轴式编码。主轴式编码的目的是分类、综合和组织大量数据，在开放式编码之后以新的方式重新排列它们（卡麦兹，2009）。基于研究目的，本研究在开放式编码的基础上对 40 个具体范畴进行梳理，发现其中的内在关系，将这些范畴进一步归纳成 11 个副范畴，通过洞察副范畴之间的内在逻辑，凝练出慈善活动、互助、公益创业、非营利组织和金融机构等 5 个主范畴，以及直接参与和委托参与 2 个核心范畴（见表 1）。

表 1 主轴编码结果

核心范畴	主范畴	副范畴	具体范畴
直接参与	慈善活动	慈善捐赠	向困难群体捐赠、灾害中的捐赠、乡村振兴中的捐赠、捐赠给教育等事业
		志愿服务	志愿服务、社区营造、贡献能力技术和资源
		非营利服务	公益性文化艺术活动、公益项目、公益传播、科教文卫等服务
	互助	熟人互助	亲朋好友间的互助、社区邻里守望、单位同事互助
		陌生人互助	社会互助、社群互助、捐赠圈
	公益创业	创立机构	建立社会组织、建立慈善组织、建立基金会、创办社会企业、举办公共事业机构、设立家族办公室
		影响力投资	公益创投、社会影响力投资、投资社会问题、投资环境问题

续表

核心范畴	主范畴	副范畴	具体范畴
委托参与	非营利组织	社会组织	基金会、慈善组织、社会组织、公益组织、群团组织
		宗教机构	教会、寺庙
	金融机构	信托机构	慈善信托、公益信托、家族信托 + 慈善信托、银行
		家族办公室	家族财富办公室、家族服务机构

选择性编码与模型构建。选择性编码是经过主轴式编码后，在主范畴与核心范畴之间建立关系，从而提炼研究的理论模型。围绕"社会力量参与第三次分配的路径"这一核心问题，本研究可以在 2 个核心范畴之间建立逻辑关系，并构建参与路径的理论模型（见图1）。

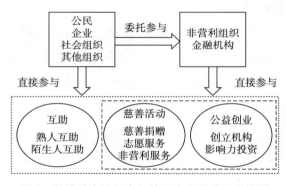

图1 新的社会阶层参与第三次分配的路径模型

理论饱和度检验。在对 12 份访谈资料进行编码后发现基本不能再产生新的理论见解，也不能再提示核心理论类属新的属性，因此可以判断类属基本饱和。本研究也对剩下的 6 份访谈资料进行了编码和分析，得出的分析结果与先前的概念维度相符，由此可以认为上述理论模型是饱和的。

四 对参与路径模型的理论阐释

扎根理论分析结果表明，新的社会阶层主要通过直接参与和委托参与两大路径在第三次分配中发挥作用。两大路径的划分标准是参与者是否委托中介机构落实其参与目标。如果参与者身体力行、亲自参与第三次分配实践，那么参与路径就属于直接参与。例如，将捐赠物资直接递送给受益人，属于直接参与；通过基金会递送给受益人，属于委托参与。根据委托代理理论，委托代理关系的形成主要基于专业化分工，即代理人比委托人在所代理事务上更具专业优势。第三次分配存在大量专业性中介组织，比如慈善组织和信托机构。它们为社会力量参与提供了专业化的选择，这为委托参与提供了组织基础。直接参与和委托参与共同构成一个参与体系，参与者通常只可以在这两种参与路径中进行选择：或者直接参与，或者委托第三方机构参与。此外，值得指出的是，委托参与中的中介机构在代理委托人从事第三次分配活动中同样需要在直接参与或委托参与中进行选择。比如，慈善组织受托开展公益性教育项目，既可以自己组织实施该项目，也可以委托其他机构（如专业性的公益教育机构）来组织实施该项目。本文不讨论后一种情况。

（一）直接参与路径

直接参与包括慈善活动、互助和公益创业三种具体参与路径，各路径中又包括多种具体参与形式。其中，慈善活动与既有研究中的慈善路径在主体内容上相同，即包括慈善捐赠和志愿服务，但除此之外，还包括非营利服务；互助是英文学界讨论较多的新慈善形式，但考虑到互助与慈善之间的差异，本文将其单列为一种参与路径；公益创业虽然一直存在，但直到近年来才受到中外学界的高度关注，本文也将其作为参与第三次分配的路径加以讨论。

1. 慈善活动

在对新的社会阶层的访谈中，受访者谈到慈善活动时提及的概念包括慈善捐赠、志愿服务和开展公益项目、进行公益传播等多方面内容。对这些内容之间的关系进行深入分析，结合《慈善法》的规定，本文将慈善活动划分为三种类型：慈善捐赠、志愿服务和非营利服务。值得指出的是，在既有研究中，慈善存在广义和狭义之分。广义慈善指社会上存在的所有帮助困难群体和促进人类福祉的活动，而狭义慈善仅指对困难群体的帮助（周俊、王法硕，2021）。我国《慈善法》采纳的是广义慈善概念，本文的慈善也取广义理解。

慈善捐赠和志愿服务是狭义慈善所包含的内容。前者对应受访者所说的"有钱出钱"，既可以捐赠金钱，也可以捐赠其他有形物质，比如房产、身体器官等；后者可理解为受访者所说的"有力出力"，涉及所有奉献时间、知识、技能等且不求回报的行为。慈善捐赠和志愿服务在受访者眼中是最重要的参与第三次分配的路径，这与既有研究中的观点一致。

非营利服务是广义慈善中区别于狭义慈善的内容，通常也被称为社会公益性服务。《慈善法》第七章对"慈善服务"做出规定，将慈善服务界定为"慈善组织和其他组织以及个人基于慈善目的，向社会或者他人提供的志愿无偿服务以及其他非营利服务"。在这一界定中，慈善服务包括志愿服务和非营利服务。这两者之间的区别在于是否无偿。志愿服务是无偿的；而非营利服务通常并非无偿的，它是"不以营利为目的"。非营利服务的主体不仅可以是慈善组织，也可以是其他组织或个体。这些主体能够提供包含科学、教育、医疗康复等在内的内容广泛的服务。这些服务对改善处境不利人群的境况和提升社会整体福利具有重要意义。在对新的社会阶层的访谈中，受访者不仅关注科教文卫等惯常讨论的非营利服务，还提到公益性文化艺术活动、公益传播等较少被关注的服务。一位媒体从业人员在接受访谈的过程中反复强调：

> 我们媒体人为第三次分配、为公益慈善做宣传，报道国家政策，分析案例，这些都是在促进第三次分配发展，也是一种参与。（访谈编码 112021922L）

这表明，第三次分配视野中的非营利服务比人们通常所理解的公共事业具有更广泛的范围，凡是为促进第三次分配事业发展提供的非营利服务都可以被纳入其中。

2. 互助

互助自古以来就存在，但对其进行理论研究是晚近的事情。虽然有学者将互助看作一种新慈善现象（Eikenberry，2006），但互助与一般意义上的慈善仍有显著区别。它不是面向困难群体的单向付出，也不以促进公共利益为宗旨，而是互助群体之间以解决共同问题和共渡难关为主要目的的相互帮助。因而，本研究认为有必要将互助与慈善分开进行讨论，并将其作为直接参与的第二种具体路径。

互助既可以存在于亲朋好友、社区邻里、单位同事等熟人之间，也可以存在于陌生的社会成员之间。前者比如受访者提到的邻里之间在老人看护和幼儿托管方面的互助，后者比如近几年发展快速的社会互助养老和互助医疗。互助的内容也十分丰富，常见的如建立互助基金、相互照护等。近年来受政府大力推动的时间银行就是一种相互照护，具体体现为鼓励低龄老人向高龄老人提供非正式照料，提供照料的低龄老人可以将照料时间存在时间银行中，需要的时候可以凭借银行中的"储蓄"兑换相应时长的照料。

3. 公益创业

公益创业这一主范畴是基于创立公益慈善机构和进行影响力投资这两个副范畴而得出的。公益创业也称社会创业或社会公益创业，是以商业手段解决社会问题为目标的创业活动，具有社会导向、创新性导向和市场化导向三方面特征（刘玉焕、井润田，2014）。显然，公益创业区别于慈善活动和互助，不是无偿捐赠和志愿服务，也不是互益性行为，而是一种创新投资活动。但它又区别于商业创业，强调兼顾商业利益与社会效益。新的社会阶层的受访者们多次谈到公益创业，其观点可归纳为，公益创业包含两方面内容：一是设立公益慈善机构，如设立基金会、慈善组织、社会企业等非营利组织或者新型社会投资机构，通过设立机构组织化地解决社会问题或帮助困难群体；

二是参与公益创投、社会影响力投资等活动，希望通过社会投资参与解决社会问题，但不以设立机构为目的。在受访者看来，公益创业代表着一种新的发展趋势。它比传统的慈善捐赠、志愿服务更能解决规模性的社会问题，因而在第三次分配中发挥着独特作用。例如，有受访者认为：

> 做一个公益创投、影响力投资，我觉得这些都算大的第三次分配，而且能够解决更重要的问题…… （访谈编码72021923Z）

（二） 委托参与路径

通过中介机构进行的委托参与主要包括委托非营利组织参与和委托金融机构参与两种路径。两者的共同之处是参与者向中介机构提供资源，由中介机构具体组织实施慈善活动或进行公益创业。两者的不同之处在于非营利组织通常在接受委托人的慈善捐赠后再通过多种形式为受益人服务，少量慈善组织可以向委托人提供慈善信托服务，而金融机构当前仅能为委托人提供慈善信托服务。

1. 委托非营利组织参与

随着近现代慈善业的发展，慈善日渐成为一项专业化的事业。非营利组织在其中扮演关键角色，成为社会力量参与慈善业的重要中介机构。受访的新的社会阶层人士无不清晰地认识到这一时代潮流，将慈善组织包括基金会和其他社会组织等非营利组织的发展视作第三次分配事业的重要内容，认为发达的非营利组织意味着更加成熟的参与路径。就当前情况而言，我国社会力量主要通过群团组织和社会组织参与慈善事业和第三次分配，其中中华慈善总会、红十字会及其他慈善组织的作用尤其受到关注。无论委托哪一种类型的非营利组织参与第三次分配，受托组织同样需要通过直接参与中的具体路径实现参与目标。例外的是，《慈善法》对慈善信托做出规定后，慈善组织可以为委托人提供慈善信托服务①，也可以接受信托公司委托执行慈善项目，并因此与委托人之间形成多重复杂的委托代理关系。

2. 委托金融机构参与

委托金融机构参与第三次分配主要基于法律法规对慈善信托的规定。我国在 2001 年颁布的《信托法》中已经对公益信托做出规定，但直到 2016 年《慈善法》颁布，慈善信托才逐渐发展起来。《慈善法》第四十四条规定，慈善信托属于公益信托，是指委托人基于慈善目的，依法将其财产委托给受托人，由受托人按照委托人意愿以受托人名义进行管理和处分，开展慈善活动的行为。作为金融机构的信托公司是慈善信托的主要受托人，而另一类金融机构——银行是信托财产的保管人。在对新的社会阶层的访谈中，慈善信托是出现频次较高的概念。受访者多认为信托是一种现代化的慈善方式，能够通过发挥专业机构的作用来提高慈善效率，因而委托金融机构参与也是特别需要加强建设的参与路径。

特别值得指出的是，第三次分配的中介机构还包括家族办公室——一种富裕家庭或家族的财务管理机构，其主要职能有财富投资、声誉投资、社会资本投资和慈善。接受高净值人群和富有家族委托，开展慈善活动，是许多家族办公室开展的工作。除此之外，不少家族办公室还通过设立家族基金会、家族信托等公益创业的方式参与第三次分配。近年来，影响力和可持续发展是家族办公室越来越感兴趣和必不可少的重点领域（肖、艾鲁，2022）。目前，家族办公室在我国刚刚起步，市场中的所谓家族办公室大多为金融机构，其发展还缺乏政策支持和规范，因而多位受访者提出应探索家族办公室在我国的发展道路，希望政府能够尽快出台政策支持家族办公室发展，以更好地激励高净值人群在第三次分配中发挥作用。

---

① 《慈善法》第四十六条规定：慈善信托的受托人，可以由委托人确定其信赖的慈善组织或者信托公司担任。

五 研究结论与讨论

在第三次分配的作用受到高度重视，但具体政策规定尚未出台的背景下，讨论新的社会阶层这一关键主体参与第三次分配的路径，能够为理论研究和政策发展提供参照。基于这一研究目标，本研究通过扎根理论分析构建了新的社会阶层参与第三次分配的路径模型，将参与划分为直接参与、委托参与两大类型，以及慈善活动、互助、公益创业、通过非营利组织参与和通过金融机构参与 5 种次级路径和 11 种具体参与方式。

本研究的主要理论贡献在于建立了社会力量参与第三次分配的多元路径模型。既有研究虽然借鉴了慈善研究的成果讨论第三次分配的参与路径问题，但是一直没有给出一个结构清晰的第三次分配参与路径图。本研究在文献研究的基础上，结合实证调研资料对第三次分配的参与路径进行分类，最终提炼出不同层次和类型的参与路径，其中直接参与中的慈善活动这一路径与既有研究相契合。这表明，第三次分配与公益慈善确实紧密关联。但是，除直接参与之外，还存在委托中介机构参与第三次分配的路径。而且，在直接参与中，除慈善活动以外，还有广泛存在且意义重大的互助和公益创业两个参与路径。多元参与路径理论对中外相关研究进行了系统性整合，并且为理论观点提供了实证基础，能够为新的社会阶层的参与行为提供解释框架，也可以为理解更多群体的参与行为提供理论借鉴。

从实践意义上看，本文总结提炼了新的社会阶层参与第三次分配的实践经验，揭示了他们通过多元途径积极参与的现实情况以及对路径发展的期待。这既能够为决策者制定出台相关政策提供参照，也能够为社会力量参与第三次分配提供路径选择框架。就政策而言，目前第三次分配的具体实施政策尚未落地。从参与路径的角度来看，新政策有必要对主要参与路径进行规定，并且为路径建构提供政策支撑。就社会参与而言，社会力量的资源禀赋各异，不可能都以某种特定的方式参与第三次分配，如果参与路径的选择空间过小，那么参与者可能会丧失参与信心。本研究提出的多元参与框架为参与者根据自身特点和需求选择合适的参与路径提供了指南，特别是为那些无法通过捐赠和志愿服务参与第三次分配的普通公众指明了互助这一可选路径。

当然，需要指出的是，本文的实证资料来源于对上海市新的社会阶层的访谈。上海市是中国经济社会最为发达的城市之一，公益慈善事业走在全国前列，新的社会阶层规模大、功能强，因而上海市新的社会阶层对第三次分配的理解及其实际行动可能具有一些独特性，他们的观点与其他地区新的社会阶层和其他社会力量不一定完全相同。因而，文中所建构的参与路径模型具有一定的局限性，在适用时需要特别考虑不同社会力量所处的特殊参与情境。这也提出了未来研究需要重点关注的问题：一是需要扩大样本范围，通过对更多社会力量的调查全面掌握他们参与第三次分配的实践路径，在此基础上总结提炼参与路径的共性内容，同时比较不同类型的主体在参与路径选择上的偏好；二是可以拓展研究议题，探讨新的社会阶层在不同参与路径之间的选择及其影响因素。此外，由于第三次分配是全社会的理念和事业，不同群体在参与路径的诉求和偏好上可能存在差异。要促进第三次分配发展，非常有必要建立具有一定普遍适用性的参与路径理论。这也提出了加强相关研究的必要性与迫切性。

【参考文献】

关爽，2021，《党政主导：政府购买社会组织服务的制度特征与发展路径》，《广西社会科学》第 4 期，第 17～22 页。

何立军、李发戈，2022，《社会企业在第三次分配中的作用机理研究》，《社会政策研究》第 1 期，第 103～118 页。

黄春蕾，2023，《第三次分配若干基本问题的再认识》，《西安交通大学学报》

（社会科学版）第 2 期，第 1 ~ 7 页。

江亚洲、郁建兴，2021，《第三次分配推动共同富裕的作用与机制》，《浙江社会科学》第 9 期，第 76 ~ 83 页。

卡麦兹，凯西，2009，《建构扎根理论：质性研究实践指南》，边国英译，重庆大学出版社。

厉以宁，1991，《论共同富裕的经济发展道路》，《北京大学学报》（哲学社会科学版）第 5 期，第 3 ~ 128 页。

刘玉焕、井润田，2014，《社会创业的概念、特点和研究方向》，《技术经济》第 5 期，第 17 ~ 24 页。

卢倩倩、许光建、许坤，2021，《中国居民收入分配体系：演变、特征与展望》，《宏观经济研究》第 7 期，第 5 ~ 160 页。

瞿海源、毕恒达、刘长萱、杨国枢主编，2013，《社会及行为科学研究法（二）：质性研究法》，社会科学文献出版社。

上海市委统战部课题组，2014，《上海新的社会阶层人士现状调查与分析》，《中国统一战线》第 1 期，第 49 ~ 50 页。

孙春晨，2022，《实现共同富裕的三重伦理路径》，《哲学动态》第 1 期，第 13 ~ 20 页。

王晓杰、陈晓运，2016，《建构协同：共青团参与社会治理的地方实践——以广州市为例》，《中国青年研究》第 9 期，第 50 ~ 72 页。

王扬、邓国胜，2021，《第三次分配的制度化：实现机制与建构路径——基于制度理论视角的分析》，《新疆师范大学学报》（哲学社会科学版）第 4 期，第 35 ~ 43 页。

詹姆斯·肖、艾鲁，2022，《家族办公室在推动影响力创新中的作用》，《家族企业》第 Z1 期，第 38 ~ 39 页。

徐家良，2021，《第三次分配与社会组织高质量发展》，《中国民政》第 23 期，第 25 页。

张国清，2015，《分配正义与社会应得》，《中国社会科学》第 5 期，第 21 ~ 204 页。

张海东、杨城晨、赖思琦，2017，《我国特大城市新社会阶层调查》，《理论导报》第 1 期，第 18～22 页。

张晓刚，2017，《刍议当代中国新社会阶层的社会责任——基于"四个全面"战略布局的视角》，《湖湘论坛》第 2 期，第 18～22 页。

周俊、王法硕编著，2021，《慈善文化与伦理》，北京大学出版社。

周俊、杨鑫源，2022，《从资助到赋能：公益创投如何回归本源——基于新力公益创投的个案研究》，《广西师范大学学报》（哲学社会科学版）第 2 期，第 36～47 页。

朱健刚、邓红丽、严国威，2022，《构建社区共同体：社会组织参与社区防控的路径探讨》，《江西师范大学学报》（哲学社会科学版）第 4 期，第 48～57 页。

Bittker, Boris I. 1972. "Charitable Contributions: Tax Deductions or Matching Grants?" *Tax Law Review* 28 (37): 37 – 63.

Bryant, W. K. et al. 2003. "Participation in Philanthropic Activities: Donating Money and Time." *Journal of Consumer Policy* 26 (1): 43 – 73.

Cheal, D. J. 1986. "The Social Dimensions of Gift Behavior." *Journal of Social and Personal Relationships* 3 (4): 423 – 439.

Eikenberry, Angela M. 2006. "Giving Circles: Self Help/Mutual Aid, Community Philanthropy, or Both." *International Journal of Self Help & Self Care* 5 (3): 251.

Eikenberry, Angela M. 2008. "Giving Circles and Fundraising in the New Philanthropy Environment." *Nonprofit Management and Leadership* 19 (2): 141 – 152.

Penner, L. A. 2002. "Dispositional and Organizational Influences on Sustained Volunteerism: An Interactionist Perspective." *Journal of Social Issues* 58 (3): 447.

Salamon, Lester M. 1995. *Partners in Public Service: Government-Nonprofit Relations in the Modern Welfare State.* Johns Hopkins University Press.

Salamon, Lester M. 2014. *Leverage for Good: An Introduction to the New Frontiers of Philanthropy and Social Investment.* Oxford University Press.

Schervish, P. G. & J. J. Havens. 2001. "The New Physics of Philanthropy: The Supply-side Vectors of Charitable Giving." *The CASE International Journal of Educational Advancement* 19 (2): 95 – 113.

Strauss，Anselm L. and Juliet Corbin. 2008. *Basics of Qualitative Research*：*Techniques and Procedures for Developing Grounded Theory.* Sage.

Sulek，M. 2010. "On the Modern Meaning of Philanthropy." *Nonprofit and Voluntary Sector Quarterly* 39 （2）：193 – 212.

Zunz，Olivier. 2012. *Philanthropy in America*：*A History.* Princeton University Press.

中国社会组织参与社区治理的研究进路与知识框架*

张　舟　楼鑫鑫**

摘　要： 社会组织参与社区治理是构建社会治理共同体的重要依托，也是国家治理现代化的题中应有之义。本文以 2000 ~ 2022 年发表在 CNKI 中文核心期刊的 325 篇文献为研究样本，使用文献计量分析方法，通过发表趋势、核心学者和研究热点演进等方面呈现了我国社会组织参与社区治理的研究概况。然后，本文基于对 40 篇 CSSCI 期刊文章的精读与分析，构建了社会组织参与社区治理"理论－前因－过程－结果－情境"的 TAPOC 知识框架。在此基础上，本文从研究方法、研究主题和研究情境三个方面对我国社会组织参与社区治理进行了研究展望。

关键词： 社会组织；社区治理；文献计量；扎根理论

＊　基金项目：国家社会科学基金一般项目"社会组织参与社区治理的模式与优化路径研究"（项目编号：20BGL242）；中央高校基本科研业务费项目华东师范大学人文社会科学青年跨学科创新团队项目（项目编号：2022QKT005）阶段性成果。

＊＊　张舟，华东师范大学公共管理学院教授、博士生导师，同济大学管理学博士，主要从事社会组织与基层治理研究，E-mail：rzhang@ dlps. ecnu. edu. cn；楼鑫鑫，华东师范大学公共管理学院博士研究生，主要从事社会组织参与基层治理等研究，E-mail：13588144241@ 163. com。

一 引言

党的二十大报告提出"健全共建共治共享的社会治理制度,提升社会治理效能"。作为一类重要的社会力量,社会组织在构建具有中国特色的社会治理新格局中发挥着积极的作用。为着力推进基层治理现代化,近些年中央和地方政府不断向社会力量放权增能,大量社会组织由此开始发育并介入社区建设,逐渐成为承接政府职能转移的有效载体和基层治理的重要主体。在实践不断推进的同时,学界就社会组织参与社区治理展开了积极探究,并积累了一些富有价值的研究成果。这主要集中在以下两个方面:一是针对动因、模式、内在机制、影响因素和实现路径等层面的具体分析;二是提出相关解释工具并进行理论构建与完善。总体上,针对社会组织参与社区治理议题,研究内容在内涵分析和实践梳理的基础上逐渐开启了机制模式与效能价值的深度阐释,研究范式也由借鉴西方理论为主转向中国本土话语体系构建。

尽管已有研究能够为把握社会组织参与社区治理的现状与特征奠定基础,但是研究内容较为广泛且侧重点各异,缺乏综合性的知识框架来整合、归纳和凝练研究议题。在研究文献数量不断增加、研究目标不断多元的背景下,仅通过单一的文献综述方法如传统叙述性手段或文献计量分析,其研究价值不是受到研究者主观偏差和信息能力限制的影响,就是陷入缺乏知识深度挖掘的技术陷阱。为此,在使用文献计量分析方法的基础上,本文选取了核心期刊文章进行精读,对中国社会组织参与社区治理研究进行了系统化梳理,明确研究进路,建构知识框架,并在此基础上结合中国时代特征对研究议题的未来进行展望。

二 研究方法与研究设计

期刊学术文献相较于专著和研究报告类文献对某一领域的前沿和

热点把握更为敏锐（焦豪、杨季枫、应瑛，2021）。因此，本文通过系统化梳理文献，首先描述社会组织参与社区治理研究概况，识别既有研究进路，随后构建整合性知识框架，并对未来研究进行展望。具体研究设计如下。

一方面，开展文献计量分析，客观把握研究脉络。本文借助可视化软件 Citespace 进行文献定量可视化分析与信息挖掘。文献数据来源将遵循以下要求。一是文献级别。为保证文献质量，文献检索来源仅为 CNKI 核心期刊。二是成果时限，截至 2022 年 10 月 31 日。三是检索条件。检索条件为"篇名 = '社会组织'（或民间组织、非营利组织/NPO、非政府组织/NGO、社区基金会）"和"主题 = '基层治理'（或社区治理/建设/管理/服务）"。剔除信息通告、著作简介等非学术类及关联度较小的文章后，本文最终得到 325 篇文献。

另一方面，实施文献质性研究，系统整合研究议题。为了更好地呈现社会组织参与社区治理议题的研究重点，本文进一步聚焦 325 篇计量文献中近十年 CSSCI 期刊（不含拓展版）文献，以更准确地把握自 2012 年"社区治理"一词正式被写入党的纲领性文件以来的研究态势。最终，本文精选了 40 篇文献作为后文社会组织参与社区治理研究知识框架构建的理论基础。文献来源于 31 本代表性期刊，如《公共管理学报》、《中国行政管理》、《学习与实践》、《中州学刊》、《北京行政学院学报》、《浙江社会科学》、《贵州师范大学学报》（社会科学版）等，涉及综合性期刊和专业性期刊两类。

三　全景初识：研究现状与理论进路

本部分将可视化地呈现研究概况，着力描绘研究议题的热点演进。

（一）文献发表情况统计

文章发表数量变化是反映研究进展和趋势的重要指标。从发文时间和数量来看，社会组织参与社区治理研究成果数量不断增加，可划分为初始萌芽、快速增长和稳定增长三个阶段（见图1）。世纪之交，学者杨团（2000）发表了本研究领域的首篇文章。此后十年间研究成果数量仍然偏少，学界关注度明显不足。自2012年党的十八大提出"社区治理"概念后，研究成果数量开始快速增长。2017年党的十九大报告提出推动社会治理重心下移及社会组织协同参与。在此政策背景下，研究成果平均数量较高且在波动中上升，学科知识进一步积累。当然，已有高质量研究成果体量仍然不大（40篇以下），可能原因如下：（1）样本文献是经反复筛选、与研究主题紧密相关的高质量期刊文献，未包括所有研究成果；（2）已有研究多采用质性研究方法，量化研究成果数量明显不足，高质量研究成果体量和结构有待进一步突破。

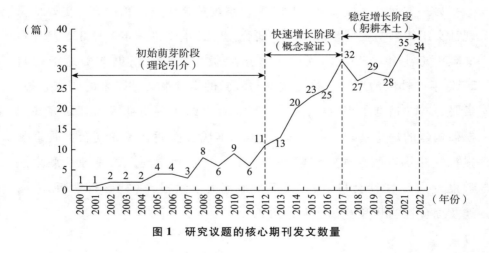

图1　研究议题的核心期刊发文数量

（二）研究机构与作者合作情况

首先，研究机构的共现分析可帮助识别某研究议题的重点研究阵地。图2显示，浙江大学、华东理工大学、中山大学、中国人民大学、中国社会科学院等高校和科研院所是本文研究议题的主要研究机构，研究成果主要集中于社会学、公共管理学等学科相关的二级学院。此外，共现网络也显示，部分研究机构间呈现一定的合作关系并构成了该研究领域的学术前沿阵地，但整体上连线较少且未形成多点合作"网络"，这表明跨院校合作研究有待加强。

图2　研究议题的合作机构共现网络

（三）研究热点演进分析

关键词是文章内容的高度凝练，能反映研究领域与内容的精髓。为进一步探测本文研究主题的演进情况，更好地展现相应的时间序列分布及相互关系，本文使用关键词聚类分析。基于时区网络的聚类分析（见图3）表明，2012年以前仅有社区建设、政府、民间组织、社区服务、社区治理等数量少且多为宏观层面的词汇；自2012年始，三社联动、策略研究、城市社区、政府购买、制度嵌入、社会治理、合作治理、党建等相对微观的词汇逐渐增多且研究主题不断丰富。由此可见，研究热点进一步具体化并逐渐进入基层社会的微观场域。

基于关键词的时区图谱（见图3）和聚类图谱（见图4），并综合考虑实践创新过程，我国社会组织参与社区治理研究可分为三个阶段且每个阶段的研究主题特点显著。

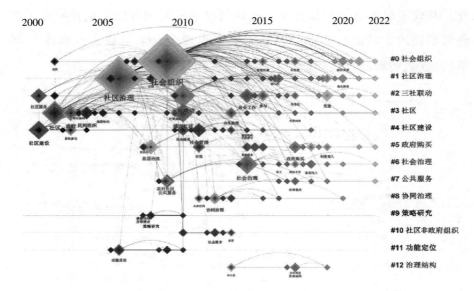

图 3　研究议题的关键词时区图谱

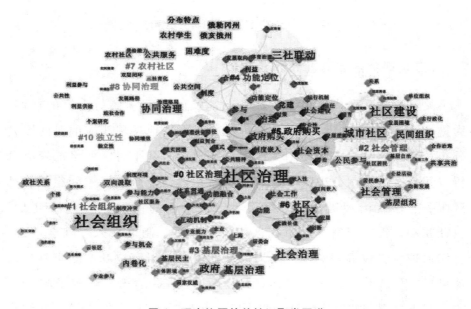

图 4　研究议题的关键词聚类图谱

1. 理论引介阶段（2000～2011 年）

此阶段的高频关键词为社区治理、社会组织、民间组织、社会资本、社区建设、公共服务、功能定位、瓶颈制约、和谐社会等。因此，我们可判断该阶段研究热点主题集中在一些基础问题辨析上，如角色与功能，并结合制度环境、合法性、发展取向等方面初步讨论了社区建设参与模式、组织运作机制等议题。1999 年，民政部启动了全国社区建设试验区工作，社区建设工作开始兴起，社会组织以其灵活性和公益性在基层社会建设中脱颖而出。这引起了一些学者的关注。在该阶段，非营利组织、民间组织等概念使用较多，直至 2007年党的十七大报告正式提及"社会组织"概念并提出重视社会组织建设后，"社会组织"一词方在我国政策及理论研究中得到广泛应用。总的来说，此阶段的研究成果较少且零散，学者们在引介和借鉴国外理论的基础上，结合我国实践就社区建设视域中社会组织的角色、作用及困境做了初步探讨，为后期研究提供了相应的知识基础。

2. 概念验证阶段（2012～2016 年）

此阶段的高频关键词为政府、三社联动、城市社区、协同治理、合作治理、网络治理、关系策略、去行政化、社会资本等，由此可判断该阶段的研究主要集中于社区治理场域中的社会组织（基层社会组织）发展及其社区治理模式与结构体系（如政社关系）的讨论。2012 年，党的十八大报告提出要建立现代社会组织体制，以前所未有的高度看待社会组织的改革与发展。2013 年，党的十八届三中全会用"社会管理"代替"社会治理"。中央顶层设计在给予社会组织参与社区治理合法性及空间的同时，极大地激发了学界的研究热情。在对治理理论、国家－社会关系理论等西方经典理论持续引介的基础上，一些学者试图在中国基层社会场域中验证和解读社会组织的本土特征、实践逻辑及政社关系等。同时，随着基层实践深化，社区社会组织的发展得到了国家层面的重视，一些学者进行了社区慈善、枢纽型组织等偏微观议题的专门研究。总体上，该阶段的研究成果有所增加，社区社会组织、合作治理、合法性等概念得到了广泛接受，量化实证分析仍较为缺乏，立足于中国情境的理论研究尚未有实质性突破，但中西方研究情境的差异引起了学者的关注，使本土化趋势开始加强。因此，该阶段是一个由以西学理论引介为主转向本土话语体系建构的过渡阶段。

3. 躬耕本土阶段（2017年至今）

此阶段的高频关键词包括伙伴关系、共治共享、双向嵌入、协作生产、党建引领、政社关系、数字治理、云社区、农村社区、体育治理等带有中国基层治理时代特征的概念。此阶段的研究视角更为精细，不仅涉及基层社会组织运作模式及社会关系的刻画，还关注了城市与农村间社区治理场域的差异。同时，自党的十九大报告提出"共建共治共享"创新思想以来，有学者进一步专注本土研究，如徐珣（2018）的协商联动治理及王名、张雪（2019）的双向嵌入等。这些研究成果逐渐构建起社会组织参与社区治理的中国话语体系。当然，研究进路常常反映政策变迁与实践沿革。2017年，中共中央、国务院印发并实施的《关于加强和完善城乡社区治理的意见》多次提及社会组织在社区治理中的积极作用。2021年，中共中央、国务院印发的《关于加强基层治理体系和治理能力现代化建设的意见》进一步将"社区与社会组织"视为"五社联动机制"的重要一环。可以说，从国家政策层面来看，社会组织已成为基层治理场域中的一个重要主体，但在实践上仍存在一些困境。为此，学者们在解读结构性因素的同时，就社会组织自主性与参与机制进行了探究。总体上，该阶段学者积极开展中国社会语境下的知识生产，提出了一些特属于中国本土情境的概念或分析工具（如双向嵌入），但成熟性的理论分析框架尚未形成，本土话语体系建构仍需进一步努力。

四 系统回溯：社会组织参与社区治理的知识框架

基于文献脉络梳理以及研究主题的分析，本部分主要开展40篇核心文献的内容精读与知识分析，由此构建"理论（Theories）-前因（Antecedents）-过程（Process）-结果（Outcomes）-情境（Contexts）"（TAPOC）的社会组织参与社区治理知识框架（见图5）。总体上，国内学者立足于组织或社会情境，借助宏观和中观不同层次理论，从前因、过程和结果等层面进行较为全面、系统的探索，对社会组织与基层治理研究领域的知识生产及本土理论话语体系建构具有积极作用。

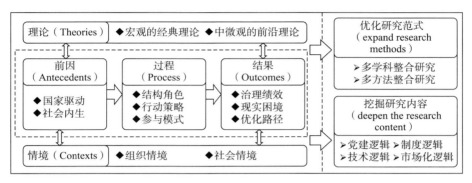

图 5　社会组织参与社区治理知识框架（含 TAPOC 知识框架）

（一）理论

1. 宏观的经典理论

一是国家－社会关系理论研究。基于国家－社会关系框架的市民社会与法团主义是西方学者讨论非政府组织研究——行动空间（Ma，2002）、主体间关系（Pei，1998）的两大宏观理论。在国内学界，早期学者多将国家简化成一个强势支配者，国家与社会存在明显对立，于是国内有学者提出"分类控制"（康晓光、韩恒，2005）、"行政吸纳服务"（唐文玉，2010）等理论概念，为理解基层治理视域中国家与社会组织间的关系提供了一个分析框架。在认同社会组织相对自主性的同时，已有研究仍多倾向于强调基层社会权力格局中国家的主导地位。国家对社会组织显现出力图控制和服务供给依赖的"双重逻辑"（宋雄伟，2019），公共服务购买中社会组织与政府间是一种非对称性依赖关系（朱健刚，2021）。当然，随着中国基层治理体制改革的推进，以合作、多元、协同为关键词的研究不断涌现（田家华、程帅、侯俊东，2021）。

二是治理理论研究。治理理论兴起于 20 世纪 80 年代的英美学界并迅速蔓延至基层社会研究领域，成为西方学者开展非政府组织研究的重要理论。在中国学界，随着 20 世纪 90 年代初新社会空间的快速发展，治理理论引起了学者们的广泛关注，并被用来指导中国行政改革和基层治理实践。在治理理论视阈下，包括社会组织在内的多元社会力量共同参与社区建设成为一种主流实践选择（陈科霖、张演锋，2020；邹新艳、史云贵，2021）。同时，多中心治理、合作治理、协同治理等也丰富了中国基层社会组织行动模式的诠释视角，如枢纽型社会组织的协同治理（李培志，2017）、社企合作机制（张桂蓉，2018）。当然，在中国情境下，这些理论的适用性值得商榷。中国社会治理实践需考虑中国情境的特殊性，即应坚持党的引领（孟晓玲、冯燕梅，2021；段雪辉、李小红，2020）。"一核多元"的治理思想在当下中国学界得到认同。

2. 中微观的前沿理论

随着社会组织研究的丰富，一些中微观取向的学术探索逐渐进场，试图打破传统宏观认知框架的静态结构分析约束。作为中观组织理论的代表，新制度主义（包括合法性理论）和依附理论依从组织与环境间的互动逻辑，为制度结构与资源等外部环境对社会组织的影响提供了恰适的学理支撑，常作为西方不少学者开展非政府组织发展及其社区融入研究的理论视角（Zhu，Zhao，& Tao，2021）。对此，我国学者结合中国社会情境做了理论拓展性应用，以弥合结构叙事分析的缺陷。在中国基层治理场域，外部正式制度结构将形塑社会组织行为策略（段雪辉、李小红，2020）并影响其社区治理参与机会（陈建平，2022）。而基于传统社会"差序格局"的非正式制度，如观念体系，也将对其运转产生规制或调节（曾丽敏、刘春湘，2021；宋全成、孙敬华，2021）。基于依附理论，外部资源依赖是社会组织社区进场路径选择及治理有效性的核心影响机制（向静林，2018），由此社会组织依附资源丰富的政府部门将成为一种现实选择（李晓栋、颜秀真、刘紫薇，

2021）。总体上，这种外部环境依附论诠释了当代中国基层社会组织为何嵌入国家体系以及何以发展。

近些年，聚焦自组织属性的微观行动研究在社会组织研究领域逐渐兴起。作为新制度主义在组织行动领域的拓展，嵌入理论受到众多学者青睐，并被用来分析基层社会组织的具体运作机制与行动策略，并由此衍生出相关概念工具，如"双向嵌入"（王名、张雪，2019）、"嵌入性治理"（李晓栋、颜秀真、刘紫薇，2021）和"自主－嵌入"（杨柯、张长东，2021）。总体上，微观范式强调社会组织的自觉性与能动性，对具体基层治理情境下行动策略的调适具有较强的解释力，但其不足之处在于，缺乏对政府行动的关注，尚未形成成熟的理论框架。此外，还有部分学者通过理论嫁接，针对中微观视域的特定议题进行了多视角的讨论，如社会资本视角与社区社会组织发展路径（徐林、许鹿、薛圣凡，2015）、组织社会学视角与社会组织－社区间匹配机制（向静林，2018）、角色理论与社区社会组织角色逻辑（袁方成、邓涛，2018）等。

（二）社会组织参与社区治理"何以兴起"：前因

一是国家驱动。在当代中国，社会组织的社区勃兴本质上源于国家治理现代化转型中社会力量自主发展空间的释放。宽松的备案制度无疑是一个重要的政策创新（黄晓春，2015；高红、宫雪，2018），它通过政策许可为社会组织介入社区提供可能。同样，作为国家对基层治理功能实现的重要微观制度安排，购买服务、公益创投、三社联动等也为社会组织嵌入社区场域开辟了有效通道。基于政府购买服务，社会组织作为一种外生性力量被嵌入社区并获得规制合法性（李晓栋、颜秀真、刘紫薇，2021；曾凡木，2017；朱健刚，2021）。项目制这种源于政府创设的制度条件则在基层社会中催生一批与政府购买紧密联系的"诱致性"社会组织（陈尧、马梦妤，2019）。

二是社会内生。与"政府造社会"的国家驱动不同，社会内生强调组织兴起源于对基层社会的切实回应。面向基层社会公共物品，市场化力量因利润最大化追求而缺乏参与动力，政府部门也因关注行政管理或资源掣肘而"顾此失彼"，这为社会组织社区进场提供了可能，并由此破除了政府或市场间两元选择的固有模式。依托于准市场机制和志愿机制，社会组织能够增加社区利益供给（张锋，2020；郁建兴、金蕾，2012）。既有研究表明，基层社会组织以自组织的方式整合并表达公共利益（郑永君，2018），为居民公共事务参与提供有效的组织化渠道和更多的资源支持（宋雄伟，2019）。在中国由总体社会向协同社会演进的过程中，社会组织的社区生发亦将由"国家驱动"走向"社会内生"，由此还原其社会化本色。

（三）社会组织参与社区治理"如何进行"：过程

1. 结构角色

结构角色分析是对主体与系统环境形成的关系结构及组织角色的描述。

一是关系结构。政社关系是中国学界多年持续关注的热点议题。伴随着基层实践的丰富，研究视域渐由"国家－社会"二元对立的传统结构框架走向制度形塑和组织能动的交互作用逻辑。出于治理工具主义，国家吸纳社会组织并表现出控制、替代、支持等多种关系形态（纪莺莺，2017）。为获得合法性，基层社会组织也将主动寻求对国家机器的嵌入，但会凭借自身资源和专业能力努力塑造和发展自身的自主性（王名、张雪，2019；段雪辉、李小红，2020）。当然，在治理思潮影响下，社会组织需与基层场域中的多元主体等进行关系构建（王名、张雪，2019；郑永君，2018；李健、李春艳，2021），如与居委会构建伙伴关系以破解社区治理内卷（刘杰、李国卉，2019）、与企业构建合作关系以实现资源互补（张桂蓉，2018）。总体上，基层社会组织游走于国家和社会之间，跨越组织甚至部门边界的多维关系的"治理共同体"思想逐渐在中国学界达成共识。

二是组织角色。早期国内学界主要从政府失灵和市场失灵角度来讨论基层社会组织的角色与功能，将其视为弥补国家社会管理功能不足的社会工具。然而，社会服务导向决定了社会组织需主动投射于社区现实，并因此扮演多重角色。社区治理场景中的社会组织应处理好与政府、与社区这两方面的关系（袁方成、邓涛，2018）。与关系建构的学术观点相对应，除推进政府职能转变、参与公共服务供给等偏行政化的角色以外，社区自治、民主协商、权益维护等也是学者阐释基层社会组织的重要概念（郑永君，2018；袁方成、邓涛，2018；刘春湘、江润洲，2021；吴磊、李钰，2018）。此外，有学者从"商业从属型"视角指出社会组织发挥着将商业机构引入社区场域的"桥头结构"角色（田毅鹏、康雯嘉，2021）。总体上，学者们普遍认同基层社会组织超越行政"工具主义"的多重角色。当然，西方学界亦偏好非政府组织角色研究，认为其具有多元化特征，并确认了其增进社区主观幸福感、社会资本、治理民主性和利益代表公共性等多类价值。然而，受"小政府、大社会"市民社会取向影响，西方非政府组织角色概念在一定程度上隐含着与国家的分离甚至对抗，在面向中国基层非政府组织解读时不可避免地会出现"南橘北枳"的学术偏差，因而并不适用。

2. 行动策略

在西方市民社会和法团主义等宏观理论视野中，国家支配社会的特征较为明显；在新制度主义等中观理论框架下，政社间也存在非对称的依附关系。于是，在行政主导和社会依附的权力格局之中，基层社会组织更多地表现出"行政化""被动化"的行为特征，与国内学界发展出的"行政吸纳""分类控制"等解释框架相呼应。然而，随着研究的丰富，学者们开始意识到行政不可能完全吸纳或管控社会。社会组织逐渐被视为一个实践的行动者，强调其作为一个微观组织的能动性（吕纳、金桥，2021）。于是，近些年有学者尝试顺着微观理论脉络展开社会组织参与社区治理的行动研究，特别是嵌入理论成为不少学者的分析工具。在国家"吸纳"或"借道"社会的同时，基层社会组织将顺从"社会嵌入国家"的行动逻辑，其目的在于获取行政体系给予的合法性、制度和资源等层面的支持（管兵，2015；纪莺莺，2017）。同时，基层社会面临着复杂的外部制度环境，是一个复杂的社会系统。因此，社会组织参与社区治理的行动策略将呈现多样化特征，如"耦合与脱耦的平衡"（曾凡木，2017）、"双向汲取"（段雪辉、李小红，2020）、"双向嵌入"（王名、张雪，2019；李晓栋、颜秀真、刘紫薇，2021）。当然，行动策略的多样性主要源于社区关系主体及社区场域特征的异质性，如基于街道、社区和居民行为逻辑不同的"自主、主动和融合"（宋雄伟，2019）、基于社区成熟度差异的"说服、参与、赋能与授权"（李健、李春艳，2021）等行动策略。

3. 参与模式

在资本主义市场经济体制影响下，自由主义的市场化或商业化常常是西方非政府组织参与社区治理的重要特征，并表现为公共服务购买、凭单制、特许经营等多种方式。因此，西方学者们通常从组织理性化、管理主义、资源依赖和角色中心等角度阐释非政府组织参与模式（Wang，2022；张宇、刘伟忠，2013）。然而，纯粹的市场主义无法准确分析中国社会情境下的基层社会组织行为模式。中国基层治理场域具有多样性与复杂性，因此，不同场域下社会组织参与社区治理模式的学术阐释也有所差异。其中，杨柯与张长东（2021）的基层自治、协同共治、行政主导的三模式划分较具代表性，徐林等（2015）提出的三个社区社会组织发展类型也蕴含着此模式界定。孟晓玲、冯燕梅（2021）则从国家布局、地方实践和学界理论等视角对参与模式做了较全面的梳理。其中，针对地方实践，近些年学界涌现出"三社联动""公益创投"等研究热点（徐珣，2018；李培志，2017）。

经文献梳理，网络结构和主体身份可为参与模式的解读提供有益线索。

一方面，从网络结构来看，参与模式分为垂直型和水平型两类。垂直型模式强调科层化的吸纳与依附，基于政府购买所生成的诱致性社会组织（陈尧、马梦好，2019），呈现典型的行政工具取向。相反，水平型模式关注社会化的合作与嵌入，强调社会组织的自主性和多方共治（张宇、刘伟忠，2013），其具体实施将依托特定的组织化载体，如共同缔造小组（郑永君，2018）、行动联盟（段雪辉、李小红，2020）。当然，在关注社会组织与社会主体良性互动的同时，水平治理并不排斥对国家体系的能动性嵌入，"一核多元"治理体制（闫树涛，2020）、"立体多元治理网络"（刘春湘、江润洲，2021）、"党建引领社会组织参与"（孙梦婷、王茜，2022）等学术观点很好地概括了当下治理情况。

另一方面，从主体身份来看，参与模式分为实务治理和平台治理两类。前者多将社会组织视为直接提供基层服务的行动主体，在学界多以项目制、服务购买、三社联动等议题进行讨论；后者则强调社会组织搭建平台以吸纳多方参与社区建设的功能呈现，主要集中于基层协商和平台型组织等方面研究。有学者认为，社会组织的基层协商治理本质在于协商对话平台的搭建（孔祥利，2018）。这种体系化的基层社会行动常表现为议事小组、协作网络、协商公益平台和决策平台等多种形式（徐珣，2018）。平台型社会组织主要为其他社会力量参与社区建设提供支持性管理或服务。有学者指出，平台型社会组织能够为基层实务型社会组织进行专业能力和资源的双重赋能（崔月琴、张译文，2022）。当然，平台治理模式更积极的价值在于其整合治理逻辑。平台治理模式以平台型社会组织（如社会组织联合会）为载体，通过整合社区利益主体，推进基层共治共建（李培志，2017；郑永君，2018）。

（四）社会组织参与社区治理"产出怎样"：结果

第一，治理绩效。治理绩效是治理有效性的根本反映。一方面，绩效表现水平。不同于企业绩效评估，社会组织参与社区治理绩效评估涉及诸多难以量化的维度，即便是在非政府组织发展相对成熟的西方，学界也尚未形成公认且有效的非政府组织参与社区治理有效性的客观指标（Glickman & Servon，2003）。少数学者从组织属性、组织内部自我感知、参与治理本质、经济价值等视角进行了量化探索，如有研究进行了非政府组织社区治理有效性货币价值的测算（Eller et al.，2018），能够为我国学者提供一定的启示。同样，文献研究表明，我国亦仅有个别量化研究成果，且多从规范性视角对参与治理绩效进行确认并强调多重正向价值，如承接政府职能、推动社区建设及满足居民需要（康晓强，2012）；宏观上提高社区组织化程度和社区运行效能，微观上促进社区公益事业发展、居民参与和资源整合（王静、张蓉、庄龙玉，2006）。另一方面，绩效呈现领域。社区治理参与是一种社区多领域的全面性进场，并且政策进路影响着社会组织基层治理绩效呈现领域的变化。文献表明，基于国家政策的回应和社区建设态势的变迁，社会组织参与基层治理绩效在民主协商、社区营造等主流治理范域的基础上，不断向具有时代化色彩的治理范域拓展，如为老服务（宋全成、孙敬华，2021）、垃圾分类（纪莺莺，2017）、疫情防控（何雪松、孙翔，2020）等。

第二，现实困境。在认同其积极效用的同时，学界就社会组织面临的基层治理困境展开了深度讨论。中国社区社会组织体量仍然偏小，存在区域、种类等结构不平衡（孟晓玲、冯燕梅，2021）。同时在行动专业性（闫树涛，2020）、参与议题和渠道（孔祥利，2018）、组织自主性（马立、曹锦清，2017）等方面明显不足。经系统梳理，治理困境研究聚焦于三个方面。一是制度环境。这是形塑组织结构和行为的重要因素。相关法律制度不完善（曾丽敏、刘春湘，2021），导致社会组织法律地位不明确、政社关系难以理顺等。其中，错位的政社关系是社会组织参与社区治理困境的根源（张桂蓉，2018），基层管理体制则限制了社区治理参与空间（郑永君，2018）。二是社会机制。这多表现为外部支持性社会空间欠缺所带来的治理困境，如公民意识淡薄和公共精神缺乏（谢志强、周平，2017）、认知合法性不足（于海利、樊红敏，2021）。三是组织建设。这主要涉及社会组织定位不清晰、治理结构不合理（向静林，2018）、商业化取向（张桂蓉，2018），以及人才缺乏

（王杨，2018）、资源不足（高红、宫雪，2018；何雪松、孙翔，2020）等方面。

第三，优化路径。国家与社会的整合性路径获得了学界的普遍认同。一方面，国家推进。这多表现为国家制度设计与行政支持。理顺政社关系并实现社会治理法治化是我国社会组织参与基层治理的空间与进路（陈科霖、张演锋，2020）。应推进政府职能转变、社会组织去行政化，并强化法律保障和组织监管（于海利、樊红敏，2021）；给予政策倾斜、资金保障（孟晓玲、冯燕梅，2021），加强数字化设施建设（刘春湘、江润洲，2021）；在人才队伍建设、制度规范及治理结构等方面给予支持，以提升组织专业性（张宇、刘伟忠，2013）。另一方面，社会实施路径。从组织自身建设角度来看，社会组织需开展能力建设、完善内部治理、凸显服务功能和提升专业优势（孟晓玲、冯燕梅，2021）；加强以"对话性"为主导的社区互动，以推进社区嵌入（宋全成、孙敬华，2021）。从社会环境建设角度来看，非正式制度（如传统文化、社会认同）是影响社会组织参与社区治理的重要社会环境（曾丽敏、刘春湘，2021）。为此，基层社会需增强居民参与意识、培育公共精神（何欣峰，2014）。此外，基层社会内部应打造一个由枢纽型组织、专业服务机构及自组织等共同组成的社区公益价值链（朱健刚，2021），以实现公益生态的整体性治理。

五　社会组织参与社区治理的未来议题

社会组织参与社区治理是一个伴随经济社会环境变化而不断演进的研究领域，也是一个理论和方法不断推陈出新的知识积累过程。新时代下中国式现代化目标的提出提醒我们，基层治理研究进入了一个的新阶段，这对学界亦提出了新的要求。立足已有研究和中国实践，在适当吸收西方有益研究成果的基础上，本文试图从优化研究范式、挖掘研究内容、嵌入研究情境三个方面对中国社会组织参与社区治理的未来议题做出展望。

（一）优化研究范式：整合性研究

一是多学科整合研究。社会组织参与社区治理研究涉及政治体制、历史传承、社区发展等多个层面，这决定了任一学科都无法完整地呈现研究议题样貌。因此，国内学界需推进学科整合，促进不同学科/机构间的合作与交流，特别是要加强经济学、工商管理、心理学等学科知识在研究议题中的应用。例如，当前基层社会组织研究多采用结构环境的外部主导与组织本体的内部自觉"两分"研究路径，尚未能将偏静态化的结构环境与偏动态化的组织能动结合起来进行有机整合。对此议题，未来可尝试整合组织生态学、社会系统论等理论思想，并进行中国场景分析工具的开发（如探索构建"环境－关系－行动"三分框架），对基层社会组织面临的多重关系进行综合性考量，以更为生动地诠释中国基层社会组织的发展特征。

二是多方法整合研究。已有学术成果以规范性的理论演绎研究为主，多从治理个案出发，基于现代化资料与数据分析工具的实证研究较为有限。近两年情况已有所改观，如有研究通过基于居民调查问卷数据的量化实证，探究了社区异质性、社区社会组织与社区凝聚力之间的关联机制（李健、荣幸、李春艳，2022），以及不同类型制度对社会组织参与社区治理共同体建设的参与机会和参与能力的影响（陈建平，2022）。因此，未来需加强研究方法创新，特别是交叉或关联学科中新兴研究手段的运用，如大数据分析，并倡导使用质性与量化相结合的混合研究方法，以提高研究的精准性与科学性。例如，鉴于基层社会组织发展议题涉及社区空间范畴，未来研究可加强地理信息学科中空间分析视角的嵌入，借助 ArcGIS 等工具测量基层社会组织的服务半径，讨论基层社会组织生态位宽度与社区治理效能间的关系。再如，社会组织发展特征本身受组织成员个体（或群体）行为或态度的影响，为此，未来可借助心理学实验法等探讨社会组织参与社区治理的具体行动取向与机制等。

（二）挖掘研究内容：具有时代化的本土性议题

一是党建逻辑。针对基层社会场域，已有研究多将政府部门等同于"国家"，这在一定程度上忽视了党建对社会组织的影响（王杰秀、黄晓春，2021），党建引领基层社会组织的研究比较少。新时代，当我们在治理转型中不断强调党建引领社会组织发展的长期制度目标时，在社会组织参与社区治理领域，党建治理理论内涵和多重角色如何？党建如何赋能并实现整体化治理？党建治理模式、作用机理是否存在动态性殊异？……这些研究既可以拓展党建及社会组织理论，也有助于形成超越技术治理层面的社会组织研究视角，以完善中国本土基层治理话语体系。

二是制度逻辑。当多类制度处于同一时空情境时，其交互效应对社会组织的影响远比传统研究语境中的"发展或抑制"更为复杂（王杰秀、黄晓春，2021）。因此，何种制度逻辑应成为基层社会组织行为的主导逻辑并避免其他制度的治理负效应需得到学界关注。同时，探究非正式制度的影响将成为中国公共管理理论本土化的一个有益尝试（曾丽敏、刘春湘，2021）。未来需加强对非正式制度（如独特中国社区文化）与基层社会组织的关联性的研究。此外，从系统观角度来看，学界有必要探究基层社会组织制度的系统性配置，对新旧制度的耦合偏差、非正式制度凌驾下正式制度的"仪式化"等制度冲突现象给予针对性解读与回应。

三是技术逻辑。在基层治理新格局"科技支撑"思想的引领下，社区数字治理将是中国公共管理学界的重要命题，但此方面的学术探讨还十分缺乏。以信息技术为核心的数字治理可增强基层社会组织信息获取和传递能力，并提升精准治理水平。因此，学界有必要开展数字社区时代下社会组织治理议题研究。一方面，开展组织数字化内部效能研究。随着数字政府建设的全面推进，社会组织数字化改革方兴未艾，由此带来的重要但常被忽视的议题便是，如何建设一支具备数字化技能的工作队伍。当前社会组织工作人员普遍存在老龄化问题，数字化推进缓慢。另一方面，开展组织数字化外部效能研究。这包括两点：一是数字化是如何影响社会组织参与效能的；二是数字化是如何影响社会组织行为模式的。当然，在赋能社会的同时，数字化会使基层政府形成以技术管控社会的治理路径依赖。因此，学界需探究优化社会组织数字化参与路径，为规避基层治理的技术陷阱、提升社会组织数字化治理效能提供有益指导。

四是市场化逻辑。在未来研究中，结合中国国情，可以加强以下两方面研究。首先是社会组织专业化参与研究。作为一种市场化机制，专业主义可以帮助基层社会组织扭转治理参与的"内卷化"或"景观化"运作困境（孟晓玲、冯燕梅，2021）。基层社会组织的行动应立足知识导向，并由此呈现专业逻辑，但已有研究相对缺乏这种围绕组织本体向量的关注。为此，未来在秉持组织自主化、市场化逻辑的基础上开展作为微观主体的社会组织行动专业性研究，再据此统合宏观结构视角分析，以对社会组织何以参与社区治理给予更为客观、全面的诠释。其次是社会组织商业化参与研究。在社区治理领域中，社会组织正以购买服务形式获取特定主体的资源，但由于社会风险与不确定性的存在，社会组织需要以商业化的方式（如购买企业服务、自我造血等）缔结相对稳定的合作纽带。因此，社会组织如何平衡非营利性与商业化的关系，存在哪些商业化手段或机制来突破社会组织资源结构，应当成为未来关注的重点。

（三）嵌入研究情境：开展多场景的分析

情境因素是影响组织行动效果的重要环境变量。

一是从组织情境层面来看，中国基层社会组织种类繁多，不同类型组织因机构愿景、资源汲取路径、专业化程度的差异而表现出异质化的社区治理方式与特征。已有研究就基层治理场景中特定社会组织（如社区基金会）进行了探究，但对组织属性不同的治理差异有所忽视。为此，未来需跨越统合性概念，开展组织情境变量嵌入的专门研究（如枢纽型/实务型、内部治理），通过对照与微观聚焦更准确地把握基层社会组织行为特征及治理规律。

二是从社会情境层面来看，我国基层社会场域涉及政治、经济、社会等多维变量，各类因素相互交织并形塑社会组织的社区进场方式与特征。在国内学界，结合不同主题情境（如民主协商、垃圾分类）的探究开始增多，但社区基质情境的综合考量仍然欠缺，不少研究倾向于从国家－社会关系或制度影响层面来审视，极易掉入"非此即彼"（如强社会或弱社会）的研究陷阱，从而难以刻画多样形态社区中的社会组织治理态势。未来有必要基于社区异质化情境或基质，如人口构成、自治氛围、治理资源，沿着"分类治理"逻辑，探索社会组织参与社区治理的多样模式与路径。

【参考文献】

陈建平，2022，《制度缺失对社会组织参与城市社区治理共同体建设的影响——基于 J 省的实证研究》，《贵州师范大学学报》（社会科学版）第 3 期，第 32 ~ 45 页。

陈科霖、张演锋，2020，《政社关系的理顺与法治化塑造——社会组织参与社区治理的空间与进路》，《北京行政学院学报》第 1 期，第 26 ~ 33 页。

陈尧、马梦妤，2019，《项目制政府购买的逻辑：诱致性社会组织的"内卷化"》，《上海交通大学学报》（哲学社会科学版）第 4 期，第 108 ~ 119 页。

崔月琴、张译文，2022，《双重赋能：社区居委会治理转型路径研究——基于 X 社区社会组织服务中心实践的分析》，《清华大学学报》（哲学社会科学版）第 2 期，第 175 ~ 184 页。

段雪辉、李小红，2020，《双向汲取：社区社会组织的行动路径分析》，《求实》第 3 期，第 57 ~ 68 页。

高红、宫雪，2018，《AGIL？框架下社区社会组织的功能系统与提升路径》，《南京师大学报》（社会科学版）第 3 期，第 25～31 页。

管兵，2015，《竞争性与反向嵌入性：政府购买服务与社会组织发展》，《公共管理学报》第 3 期，第 83～92 页。

何欣峰，2014，《社区社会组织有效参与基层社会治理的途径分析》，《中国行政管理》第 12 期，第 68～70 页。

何雪松、孙翔，2020，《防范境外疫情输入的国际社区行动网络——社会组织的社会工作干预》，《河北学刊》第 6 期，第 164～169 页。

黄晓春，2015，《当代中国社会组织的制度环境与发展》，《中国社会科学》第 9 期。

纪莺莺，2017，《从"双向嵌入"到"双向赋权"：以 N 市社区社会组织为例——兼论当代中国国家与社会关系的重构》，《浙江学刊》第 1 期，第 49～56 页。

焦豪、杨季枫、应瑛，2021，《动态能力研究述评及开展中国情境化研究的建议》，《管理世界》第 5 期，第 191～210 页。

康晓光、韩恒，2005，《分类控制：当前中国大陆国家与社会关系研究》，《社会学研究》第 6 期，第 73～89 页。

康晓强，2012，《社区社会组织与社区治理结构转型》，《北京工业大学学报》（社会科学版）第 3 期，第 22～25 页。

孔祥利，2018，《城市基层治理转型背景下的社会组织协商：主体困境与完善路径——以北京市为例》，《中国行政管理》第 3 期，第 64～68 页。

李健、李春艳，2021，《政策介入、社区类型与社会组织行动策略——基于上海爱芬环保参与社区垃圾分类案例的历时观察》，《上海大学学报》（社会科学版）第 5 期，第 68～78 页。

李健、荣幸、李春艳，2022，《社区异质性对社区凝聚力的影响研究——社区社会组织参与的中介效应》，《吉林大学社会科学学报》第 1 期，第 92～102 页。

李培志，2017，《规范增能与协同治理：推动建设"伙伴式"街道社区社会组织联合会》，《学习与探索》第 12 期，第 34～42 页。

李晓栋、颜秀真、刘紫薇，2021，《嵌入式治理：社会组织参与社区体育治理的

模式研究——基于 S 省 T 市两个社会组织的实证分析》，《体育学研究》第
　　2 期，第 83～91 页。

刘春湘、江润洲，2021，《社会组织在基层治理新格局中的作用》，《湖南科技
　　大学学报》（社会科学版）第 4 期，第 164～171 页。

刘杰、李国卉，2019，《“伙伴关系”何以可能？——关于社区居委会与社区社
　　会组织关系的案例考察》，《江汉论坛》第 11 期，第 123～127 页。

吕纳、金桥，2021，《制度逻辑与行动策略：社会组织参与公共服务购买的一个
　　分析框架》，《学习论坛》第 4 期，第 84～90 页。

马立、曹锦清，2017，《社会组织参与社会治理：自治困境与优化路径——来自
　　上海的城市社区治理经验》，《哈尔滨工业大学学报》（社会科学版）第 2
　　期，第 1～7 页。

孟晓玲、冯燕梅，2021，《我国社会组织参与社区治理的模式、困境与路径》，
　　《西安财经大学学报》第 1 期，第 109～118 页。

宋全成、孙敬华，2021，《我国社会组织参与居家照护服务供给问题研究——基
　　于组织合法性的视角》，《中州学刊》第 3 期，第 62～68 页。

宋雄伟，2019，《社会组织参与城市社区治理的制度环境与行动策略》，《江苏
　　社会科学》第 2 期，第 155～164 页。

孙梦婷、王茜，2022，《基层共治何以形成？党建引领与社会组织价值理性重
　　塑》，《经济社会体制比较》第 4 期，第 133～143 页。

唐文玉，2010，《行政吸纳服务——中国大陆国家与社会关系的一种新诠释》，
　　《公共管理学报》第 1 期，第 13～19 页。

田家华、程帅、侯俊东，2021，《中国社区环境治理中地方政府与社会组织合作
　　模式探析》，《湖北社会科学》第 5 期，第 66～74 页。

田毅鹏、康雯嘉，2021，《街道改革背景下社会组织与街居嵌合治理研究——以
　　“商业从属型”社会组织 Z 中心为例》，《学术研究》第 4 期，第 47～
　　57 页。

王杰秀、黄晓春，2021，《多重转型交汇中的社区社会组织》，《社会政策研究》
　　第 3 期，第 89～507 页。

王静、张蓉、庄龙玉，2006，《民间组织在城市社区治理中的作用——政府与民

间组织互动关系分析》，《中国农业大学学报》（社会科学版）第 1 期，第 92 ~ 95 页。

王名、张雪，2019，《双向嵌入：社会组织参与社区治理自主性的一个分析框架》，《南通大学学报》（社会科学版）第 2 期，第 49 ~ 57 页。

王杨，2018，《社会组织在社区治理中的合法化路径与策略——基于北京市一个草根社会组织的个案研究》，《中州学刊》第 12 期，第 79 ~ 84 页。

吴磊、李钰，2018，《理解非营利组织：双重维度与平衡之道——从弗姆金出发》，《中国第三部门研究》第 1 期，第 127 ~ 137 页。

吴培豪、赵梦涵，2022，《新时代党建引领乡村治理的运行机制与实践逻辑——基于扎根理论的多案例研究》，《甘肃行政学院学报》第 1 期，第 69 ~ 79 页。

向静林，2018，《结构分化：当代中国社区治理中的社会组织》，《浙江社会科学》第 7 期，第 99 ~ 106 页。

谢志强、周平，2017，《社区建设中的社会组织作用研究——以上海为例》，《北京师范大学学报》（社会科学版）第 3 期，第 126 ~ 132 页。

徐林、许鹿、薛圣凡，2015，《殊途同归：异质资源禀赋下的社区社会组织发展路径》，《公共管理学报》第 4 期，第 122 ~ 130 页。

徐珣，2018，《社会组织嵌入社区治理的协商联动机制研究——以杭州市上城区社区"金点子"行动为契机的观察》，《公共管理学报》第 1 期，第 96 ~ 107 页。

闫树涛，2020，《结构、行动与制度：城市社区中的社会组织有效协同治理》，《河北学刊》第 6 期，第 177 ~ 185 页。

杨柯、张长东，2021，《自主与嵌入：社会组织参与基层协商治理的逻辑与模式》，《北京行政学院学报》第 5 期，第 56 ~ 63 页。

杨团，2000，《中国的社区化社会保障与非营利组织》，《管理世界》第 1 期，第 111 ~ 120 页。

于海利、樊红敏，2021，《社区社会组织融入基层社会治理体系研究——以 C 社区业主委员会为例》，《郑州大学学报》（哲学社会科学版）第 1 期，第 14 ~ 18 页。

郁建兴、金蕾，2012，《社区社会组织在社会管理中的协同作用——以杭州市为例》，《经济社会体制比较》第 4 期，第 157～168 页。

袁方成、邓涛，2018，《从期待到实践：社区社会组织的角色逻辑——一个"结构－过程"的情境分析框架》，《河南大学学报》（社会科学版）第 4 期，第 15～23 页。

曾凡木，2017，《耦合与脱耦的平衡：社会组织进社区的实践策略》，《中国行政管理》第 6 期，第 43～48 页。

曾丽敏、刘春湘，2021，《非正式制度对社会组织参与城市社区治理的影响》，《北京社会科学》第 11 期，第 106～116 页。

张锋，2020，《农村社会组织参与农村社区治理的利益机制与制度建构》，《学习与实践》第 8 期，第 96～104 页。

张桂蓉，2018，《社区治理中企业与非营利组织的合作机制研究》，《行政论坛》第 1 期，第 129～136 页。

张宇、刘伟忠，2013，《地方政府与社会组织的协同治理：功能阻滞及创新路径》，《南京社会科学》第 5 期，第 71～77 页。

郑永君，2018，《社会组织建设与社区治理创新——厦门市"共同缔造"试点社区案例分析》，《中国行政管理》第 2 期，第 46～52 页。

朱健刚，2021，《社会实验视域下的社会组织介入社区营造——以一个老城厢社区的活化实践为例》，《河北学刊》第 2 期，第 170～181 页。

邹新艳、史云贵，2021，《整体性治理视域下社会组织参与韧性社区建设机制研究》，《中国第三部门研究》第 1 期，第 126～143 页。

Brown，L. D. 1991. "Bridging Organizations and Sustainable Development." *Human Relations* 44（8）：807－831.

Eller，Warren S.，Gerber Brian，et al. 2018. "Nonprofit Organizations and Community Disaster Recovery：Assessing the Value and Impact of Intersector Collaboration." *Natural Hazards Review* 19（1）：05017007.

Glickman，N. J. and Servon L. J. 2003. "By the Numbers：Measuring Community Development Corporations' Capacity." *Journal of Planning Education and Research* 22（3）：240－256.

Maier, F. , Meyer M. , and Steinbereithner M. 2016. "Nonprofit Organizations Be-coming Business-like: A Systematic Review. " *Nonprofit and Voluntary Sector Quarterly* 45 (1): 64 – 86.

Ma, Q. 2002. "Defining Chinese Nongovernmental Organizations. " *Voluntas: International Journal of Voluntary & Nonprofit Organizations* 13 (2): 113 – 130.

Pei, M. 1998. "Chinese Civic Associations: An Empirical Analysis. " *Modern China* 32 (3): 285 – 318.

Valeau, P. J. 2015. "Stages and Pathways of Development of Nonprofit Organizations: An Integrative Model. " *Voluntas: International Journal of Voluntary & Nonprofit Organizations* 26 (5): 894 – 1919.

Wang, X. L. 2022. "Marketization in a Statist-corporatist Nonprofit Sector: The Case of Hong Kong. " *International Review of Administrative Sciences* 88 (2): 449 – 470.

Zhu, Z. , Zhao R. , and Tao C. 2021. "Chinese NPOs in Service Contracting at the Community Level: Challenges and Strategies. " *Voluntas: International Journal of Voluntary and Nonprofit Organizations* 32 (4): 780 – 794.

社会资本对时间银行互助养老满意度的影响研究*

万　方　孙向阳　周　茜**

摘　要：时间银行是社区互助养老的一种模式，具有服务交换的跨时空特征。本文以广州南沙时间银行两个社区服务点的互助养老参与者为样本框抽取样本数据，根据社会资本的三个功能维度，即信任、规范与网络，建立与互助养老满意度的结构模型，测量社区社会资本存量并检验其对互助养老满意度的影响。研究发现，养老互助参与者感受到的规范、网络程度越高，其相应的互助养老满意度就越高。此外，参与者的社会信任水平与互助养老满意度并无显著关联。这可能与社区信任的层次结构、互助养老时间银行模式的服务特征有关。最终本文在研究结论的基础上，为促进时间银行互助养老服务模式的可持续发展提供理论支持和政策建议。

关键词：社会资本；时间银行；社区互助养老

* 基金项目：广东财经大学公共管理学院的行政管理专业获省级一流专业立项（教高厅函〔2022〕14号）。

** 万方，广东财经大学公共管理学院教授，北京师范大学管理学博士，主要研究方向为地方治理与社会网络分析，E-mail：wanfang@ gdufe. edu. cn；孙向阳，广东财经大学公共管理学院博士研究生，主要研究方向为地方治理，E-mail：372131931@ qq. com；周茜，广东财经大学会计学院副教授，暨南大学管理学博士，主要研究方向为社会资本与会计，E-mail：zhouxi@ gdufe. edu. cn。

一 问题的提出

党的二十大报告提出，要"实施积极应对人口老龄化国家战略，发展养老事业和养老产业，优化孤寡老人服务，推动实现全体老年人享有基本养老服务"。我国是世界上人口老龄化程度较高的国家之一，应对人口老龄化的任务繁重，且人口老龄化趋势还在继续加剧。2020 年第七次全国人口普查数据显示，与 2010 年相比，60 岁及以上人口的比重同比上升了 5.44 个百分点，65 岁及以上人口的比重则上升了 4.63 个百分点（见表 1）。可以看出，目前我国已经进入人口老龄化进程的快速推进阶段，20 世纪中叶出生在人口高峰期的大量老年人已经逐步进入老龄化阶段。预计到 2025 年，我国 60 岁及以上人口将超过 3 亿人。与此同时，我国也将面临儿童数量减少的严重问题。随着人口的快速老龄化，我国无形的养老压力已成为关系国计民生的重大问题。

表 1 2010 年与 2020 年全国人口年龄构成对比情况

单位：%

年龄	2010 年占总人口比重	2020 年占总人口比重
0 ~ 14 岁	16.60	17.95
15 ~ 59 岁	70.14	63.35
60 岁及以上	13.26	18.70
其中：65 岁及以上	8.87	13.50

资料来源：第六次与第七次全国人口普查数据。

特别是在过去的 40 多年间，我国快速经历了第一次人口转变与第二次人口转变，除了出生人口减少、人均预期寿命延长、初次婚姻年龄延迟等因素加剧人口老龄化之外，计划生育政策等制度性因素也使我国人口老龄化加速发展。人口老龄化形势的加剧，给国家和家庭带来了沉重的养老负担。同时，我国基本养老保险基金支出逐年增加。《2021 年度人力资源和社会保障事业发展统计公报》显示，2021 年，我国基本养老保险基金支出达到 6.02 万亿元，比 2020 年增加 0.56 万亿元，同比增长 10.3%。此外，我国养老金个人账户空账风险不断加剧，未来将给新生代劳动力带来巨大压力。在我国劳动力规模逐渐缩小的背景下，全国近 2.5 亿的 60 岁及以上老年人口也意味着，抚养 1 位老年人，需要近 4 个劳动力，与 2010 年相比减少了 1 个劳动力，社会养老负担明显加重。从家庭个人养老压力层面来看，当前我国 "四二一" 特征的家庭结构较为普遍，一对夫妻需要抚养一个子女并照顾四位老人。随着人口和家庭结构的不断转变，特别是中共中央、国务院于 2021 年 6 月出台的《关于优化生育政策促进人口长期均衡发展的决定》提出 "实施一对夫妻可以生育三个子女政策" 以后，未来更多家庭或将面临一对夫妻养育一个甚至三个子女、照顾四位甚至八位老人的情况。抚养子女压力与赡养老人压力兼具，也必然会加重个人家庭层面的养老负担。家庭抚养与养老的成本将快速增加，子女在养老照护方面也显得越来越力不从心，传统家庭形式下的养老需要向社会养老寻求帮助。这也使互助养老模式成为当前社会养老模式的一种途径。

与此同时，在全球化、城镇化迅速发展的背景下，年青一代流动人口规模扩大。此外，随着数字时代工作的频繁变化，人们的生活和工作范围在不断扩大，工作环境也在不断调整。对于社区治理而言，这意味着社会资本的积累总是面临着破碎与重组。老年人要么生活在熟悉的环境中依靠自己，要么跟随子女进入一个相对陌生的社区依赖家庭。当养老支持需要从家庭迈向社区时，从理论上来说，这属于私人事务的公共化，其本身与社区内部成员间的社会关系密切相关。那么，社会资本的丰富程度是否会对时间银行互助养老服务的实施效果产生影响？不同社区背景、社会资本要素的差异是否会显著影响老年人互助养老的行为？解决这些问题将有助于充分整合调动社会资源以激发参与主体的积极性，有利于互助养老服务模式的进一步优化推广。

二 理论框架与研究假设

20 世纪 80 年代，美国耶鲁大学教授埃德加·卡恩本着相互信任、相互帮助的思想，提出了"时间货币"的概念（Cahn，2004）。本文所述时间银行由时间货币衍生而来，相互间没有本质区别①。Whitham 和 Clarke（2016）提出的"时间银行"是一个中介机构，它提供了一个交易平台便于促进会员之间的服务交换，会员通过提供服务来换取"时间信用"，以接受服务将时间赎回。因此，时间银行作为一种互助养老的模式，本质是一种跨时空的服务交换。在这种互助模式下，时间储蓄是在自己有能力为他人提供服务时，把服务时间存进银行，当自己或亲属需要他人扶助时可以享受相等时长的服务（黄少宽，2014）。相比以即时为特征的互助养老，跨时空的特征使时间银行的可持续运作可能更加依赖于社区共同体的公共参与水平，或者说自治能力，这与其社会资本存量存在高度关联。已有研究显示，自治能力是社区社会资本存量的显著表现（苗月霞，2005），而自治能力不足的新兴社区，往往自身养老服务的推广也会陷入困境（徐家良、薛美琴，2013）。因此，在时间银行的社区互助养老模式推广过程中，服务满意度可能与所在社区的社会资本存量密切关联。在这一判断下，根据 Putnam（1993）对社会资本功能的定义，即通过推动协调的行动来提高社会效率的信任、规范和网络，本文进一步建立三个假设。

Zand（1972）指出，具有良好的信任关系，通常会使自己快速接受他人的信息传导，或者使自己的想法轻而易举地令他人接受，从而筑牢个体做出行为的影响，大大减少冗杂程序和反复说教。Ahern 与 Hendryx（2003）认为，在彼此信赖程度较低的社会群体中，居民参与社会活动的积极性不足。吴玉锋等（2015）发现信任对农户参与互助养老

---

① 参见郑红等，2019。

保险满意度有正向影响，与合作医疗、保险拥有类似互惠机制的互助养老应当具有类似的关联。已有研究发现，个体针对邻居的信任对互助养老参与具有正向影响（聂建亮、唐乐，2021）。然而，孙永勇、江奇（2021）则得出了相反的结论，即信任与互助养老参与并无关系。那么对于已参与互助养老的个体而言，信任能否提升其互助养老满意度？为此，本文提出研究假设 H1：

社区居民对邻居的信任水平越高，其互助养老满意度越高。

Manski（2000）认为，规范带来一种"邻里效应"，使同一社会成员的行为存在趋同性，即社会邻里群体的行为会给个体带来心理作用与心理暗示，从而影响个体的决策。Guiso 等（2004）提出，规范会影响个体成员在参与社会活动方面的不同，他们为了使自己的行为显得不另类，或不被其他大部分人"嫌弃"，在做出选择时往往会随大流并效仿他们的做法。乐章（2004）调查得出，一个社区中的住户越相互扶持，规范对彼此带来的约束也会越明显，其参与养老保险服务的意愿就越接近协同。郑沃林（2021）发现村规民约形成具有强制性和普遍性的社会规范，并促使经济中层和上层农民尊重身份认同演化而成的团结规则，从而践行其中衍生的养老互助义务。由此可以判断，在一个社会规范遵从程度高的社区，互助养老服务的提供更有保障，参与者应拥有更高的满意度。于是，本文提出研究假设 H2：

社区居民的社会规范感知越强，其互助养老满意度越高。

社会资本较为丰富的人，他的人际关系一般相对密集；地域社会资本扎实的地区，社会面的关系网一般织得尤为稠密和牢靠。Granovetter（1985）提出，个体虽然不能独立参与社会活动，但会被社会大背景影响，会具备嵌入性，进而融入社会关系网络中。这种网络为人们提供了信赖感，使人们倾向于在网络中互相协作。Rubin 和 McHugh（1987）指出，社区内人与人之间的社会互动越紧密，相互依赖的程度会越高，相互获得的信息也会越多，对社会事业的奉献也就越大，从而产生较大的良性影响。Nahapiet 和 Ghoshal（1998）提出，社交网络是可以实现人际信息共享的无形资源。频繁的社会互动既促进了信息的流动，也提高了信息的传播程度。此外，马丹（2015）研究发现，社会网络规模的扩大、朋友比例的上升和非正式社会参与频率的增加都有助于提高个人的生活满意度。进一步的研究发现，构建有效互动的社会网络能够在一定程度上增进互助养老参与者的价值实现与服务体验（陈际华、黄健元，2018）。此外，与"弱关系"的成员互动还能进一步提升参与者提供服务的意愿（聂建亮等，2021）。在此基础上，本文提出研究假设 H3：

社区居民的社会网络程度越高，其互助养老满意度越高。

三 实证分析

（一）案例选择

本文所选择的案例是南沙时间银行，一个由广州市南沙区民政局实施的社区互助服务项目。该项目以外包服务的方式交由第三方机构管理运营，在南沙区 9 个乡镇（街道）设有 12 个社区服务站。南沙时间银行的时间币最初是由政府或企业提供的物品或金钱折算而产生的，产生的时间币可以直接用于委托发布需求或由时间银行管理平台转赠给指定的帮扶对象。时间币产生之后，会员既可以通过时间银行平台去承接并完成服务，以获取时间币，也可以在此存储、转赠、兑换礼品。

当社区居民需要他人帮助时，他可以注册南沙时间银行会员并在网站或 APP 上发布服务需求，其他会员用户看到此服务需求，可选择承接并为该用户提供服务。部分长者、残疾人士以及困难群体等可选择委托代发的方式，在社区服务站工作人员、志愿者或社工的协助下发布需求。

时间银行互助养老服务的提供者并没有特定的门槛，凡是有参与意愿的志愿者都可以成为时间银行养老服务的提供者。通常来说，志愿者主要来源于社区相对年轻的健康老人。同时，时间银行也会尽量建立激励性的制度，吸引社会上的志愿者积极参与。此外，时间银行提供的服务内容相对明确（见表2），因而也会提供岗前培训，通过多方位的专业护理培训、服务技巧培训等提高提供者的服务质量和水平。

表 2　南沙时间银行服务内容

生理服务类		心理服务类	
生活便民服务	健康保健服务	教育康乐服务	专业心理服务
家电维修	保健检查	联欢会	精神诊疗
代买物品	中医理疗	旅游	心理咨询
陪同就医	养生讲座	金婚拍摄	社工个案
购物接送	推拿按摩	兴趣小组	临终关怀
家政服务	测血压	学习辅导	治疗性小组
医院陪护	测血糖		成长性小组
家庭陪护	健康咨询		
小孩托管	生理康复		

（二）数据来源

本文样本框为广州市南沙时间银行的两个社区服务点中参与互助养老服务的老人，对其采取配额抽样的方式发放问卷。两个社区服务点为 TS 社区和 HG 社区。其中，TS 社区服务点发放问卷 136 份，HG 社区服务点发放问卷 114 份，各回收有效问卷 102 份，共 204 份。截至 2021 年 11 月，TS 社区常住人口 32000 人，时间银行服务点共有 1544 名个人会员；HG 社区常住人口 18342 人，时间银行服务点共有 1203 名个人会员。从受访者个体特征来看（见表3），除了在本社区居住时长之外，两个社区的样本结构基本相似。

表3 TS 社区和 HG 社区受访者个体特征对比

单位：%

项目	选项	TS 社区	HG 社区
年龄	60～65 岁	50.00	50.00
	66～70 岁	18.63	24.51
	71～75 岁	16.67	18.63
	76～80 岁	7.84	2.94
	80 岁以上	6.86	3.92
受教育程度	小学及以下	11.76	11.76
	初中	21.57	21.57
	高中或中专	24.51	36.27
	大专	21.57	15.69
	本科及以上	20.59	14.71
月收入	2000 元以下	10.70	7.84
	2000～4000 元	39.20	36.30
	4000～6000 元	29.40	38.20
	6000 元及以上	20.60	17.60
在本社区居住时长	3 年以下	13.73	38.24
	3～7 年	31.37	30.39
	7 年及以上	54.90	31.37
子女数量	0	0.98	8.82
	1 个	43.14	37.25
	2 个	51.96	43.14
	3 个	1.96	8.82
	4 个及以上	1.96	1.96

（三）变量选择与测量

根据本文建立的理论框架，选择信任、规范、网络三个自变量作为社会资本的基本维度。通过借鉴以往研究（赵延东、罗家德，2005；胡荣，2006；张文宏、栾博，2007；桂勇、黄荣贵，2008），在考虑互助养老的背景下设计测量量表。其中，信任维度的测量主要考虑受访者所在社区的熟人社会程度，通过三个问题来衡量，即"A1：必要时放心让本社区人帮您把贵重物品捎回家""A2：必要时可放心交给邻居保管家门钥匙""A3：必要时可让本社区的居民短暂照顾家里的老人或者小孩"。规范维度的测量主要考虑受访者对社区身份认同的感受，从公共参与、行为规范、归属感的角度设计了五个问题，分别是"B1：在本社区如防疫、垃圾分类等公共事务中，居民们能积极参与并相互理解""B2：在修路或征地等此类事情上，本社区居民能共同合作解决""B3：本社区的治安程度不错""B4：本社区居民总是善意对待独居老人""B5：您将来会继续留在本社区养老"。网络维度的测量主要考虑受访者对社区社会交往的感受，从社交网络连接的频率与深度的角度设计了四个问题，分别是"C1：本社区经常有居民自发组织的聚会或活动""C2：本社区居民们经常会相聚走动或聊天""C3：本社区居委会经常宣传养老知识和信息""C4：本社区居民之间乐于相助"。此外，互助养老满意度是本文研究的因变量，主要是受访者对养老服务的满意度评价。本文借鉴张丽、毕红霞（2019）的研究，通过三个问题来测量互助养老满意度，包括"D1：您对服务管理质量感到满意""D2：您对健康保健活动感到满意""D3：志愿者素质能够胜任服务"三个方面。最后，本文将年龄、受教育程度、月收入、在本社区居住时长、子女数量等个人特征作为控制变量。

（四）理论模型与相关检验

本文根据假设建立理论模型（见图1），并在以往研究设计量表的基础上进行信度与效度检验。首先，计算所有潜变量测量模型的标准化因素负荷量；其次，计算组合信度（CR值）；最后，检验模型的收敛效度（AVE值）。从信度指标来看（见表4），标准化因素负荷量均与组合信度（CR值）均大于0.9，且标准化因素负荷量计算结果显著。从效度指标来看，收敛效度（AVE值）均大于0.9。这显示测量模型的信度与效度拟合非常好。

图 1　社会资本与互助养老满意度的理论模型

表 4　社会资本与互助养老满意度的理论模型验证性因子分析结果

变量	测量指标	标准化因素负荷量	显著度	CR	AVE
信任	A1	0.973	***	0.969	0.913
	A2	0.942	***		
	A3	0.952	***		
规范	B1	0.962	***	0.980	0.907
	B2	0.954	***		
	B3	0.938	***		
	B4	0.956	***		
	B5	0.952	***		
网络	C1	0.958	***	0.978	0.917
	C2	0.959	***		
	C3	0.951	***		
	C4	0.963	***		
互助养老满意度	D1	0.960	***	0.972	0.920
	D2	0.964	***		
	D3	0.954	***		

注：*** $p < 0.001$。

　　此外，还需进一步检验结构模型的适配度，即测量模型与结构模型是否具有解释力。拟合结果显示，Chi/DF 值为 1.979，小于 3，适配理想；GFI 值为 0.905，大于 0.9，适配结果良好；AGFI 值为 0.865，接近 0.9，适配结果可接受；RMSEA 值为 0.069，大于 0.05，但小于 0.08，适配结果可接受。总的来说，本文建立的模型结构效度满足研究要求，是可以接受的。

（五）分析结果

本文利用 Amos 24.0 软件对建立的理论模型进行进一步数据检验（见表 5）。首先，检验自变量测量模型之间的相关性。结果发现，信任、规范、网络三个自变量两两相关关系皆十分显著。作为社会资本功能的三个子维度，其相互之间存在相关关系是符合预期的。其次，在控制变量中，子女数量、在本社区居住时长对互助养老满意度的影响不显著。受教育程度与年龄在 0.05 的显著性水平上与互助养老满意度呈正相关关系，这意味着参与者的受教育程度越高、年龄越大，互助养老满意度越高。此外，参与者的月收入在 0.05 的显著性水平上与互助养老满意度呈负相关关系，即参与者月收入越高，互助养老满意度越低。控制变量的检验结果总体上表明，参与者对互助养老的依赖程度会影响其满意度。这意味着，一位受教育程度较高、年龄较大且收入较低的老人对互助养老的期待与要求可能不会那么高，那么当他参与互助养老时，更能容忍服务质量的参差不齐。最后，检验围绕本文假设建立起的结构模型。从结果可以看出，H2 与 H3 都得到了数据检验的支持，这说明社会规范程度的高低、社会网络规模的大小，都直接影响着居民互助养老的满意度水平。换句话说，一个有着共同价值观，公共参与活跃、社会互动积极的社区，更有利于提升互助养老的服务质量。此外，H1 未通过显著性检验，意味着个体的邻居信任水平与其互助养老满意度不存在直接关系。

表 5　模型数据检验结果

模型	标准估计系数	显著度	假设检验结果
测量模型			
规范↔信任	0.931	***	
信任↔网络	0.941	***	
规范↔网络	0.936	***	
控制变量			

模型	标准估计系数	显著度	假设检验结果
子女数量→互助养老满意度	− 0.012	0.707	
在本社区居住时长→互助养老满意度	0.039	0.216	
受教育程度→互助养老满意度	0.074	0.02*	
月收入→互助养老满意度	− 0.06	0.045*	
年龄→互助养老满意度	0.079	0.011*	
结构模型			
信任→互助养老满意度	0.003	0.716	拒绝 H1
规范→互助养老满意度	0.327	0.017*	接受 H2
网络→互助养老满意度	0.597	***	接受 H3

注：$^{***} p < 0.001$，$^* p < 0.05$。

（六）进一步讨论

个体对邻居的信任有可能与其互助养老参与意愿无关（孙永勇、江奇，2021）。而本文发现，已参与互助养老的个体对邻居的信任与其互助养老满意度无关。这可能与信任的"差序格局"有关。胡荣（2008）在一项研究中将社会信任按照对象的亲疏远近划分为三个层次，即特殊信任、一般信任和普遍信任。其中，特殊信任是针对亲友的信任，而一般信任和普遍信任分别是针对邻居或同事与网友或陌生人的信任。在这项研究中，胡荣进一步发现，越是非制度化的公共参与，越依赖高水平的特殊信任，而与一般信任和普遍信任的关系不显著；相反，越是制度化的公共参与，越依赖高水平的一般信任和普遍信任，而与特殊信任的关系不显著。

在此基础上，若将家庭养老视为非制度化的参与，将时间银行的互助养老视为制度化的参与，那么对邻居的信任与其互助养老参与意愿无关的解释就可能是"无论我对邻居信任与否，我都选择家庭养老"。反过来说，对邻居的信任与其互助养老满意度无关，可能的解释则是"我参与或得到的互助服务与邻居关系不大"。这意味着，时间银行的服务传递可能在社交半径上已经超越了邻居这一层，更多地指向未曾谋面的陌生人。因而，可以得出一个推论，即推论 1：居民的普遍信任水平越高，其互助养老满意度越高。在本文的研究中，社会信任的测量方法完全属于一般信任的层次，即受访者对邻居的信任程度，而没有考虑受访者的普遍信任水平，即对陌生人的信任程度。由于缺乏相应的测量数据，对推论 1 的检验需要在未来研究进行。

此外，邻居信任与互助养老不存在直接关系，并不意味着邻居信任的培育不重要。已有研究表明，信任在环境治理参与的影响因素模型中经常具有显著的调节效应（王学婷等，2020；崔亚飞、曹宁宁，2021）。将养老互助与环境参与共同视为公共参与的一部分，可以得出一个推论，即推论 2：邻居信任在互助养老的影响因素模型中具有显著的调节效应。根据这一思路，本文采用温忠麟等（2022）建议的基于标准化估计的乘积指标法，分别检验了信任在规范→互助养老满意度及网络→互助养老满意度两个结构关系中的调节效应。结果显示，信任在规范→互助养老满意度的关系路径中调节效应不显著，而在网络→互助养老满意度的关系路径中调节效应在 0.05 的显著性水平上正向显著，这意味着社会信任会增强网络交往对互助养老满意度的正向影响。然而，除了受限于样本量之外，要得到更加可靠的结论，还需要从测量方法与案例选择上进行深入研究。总的来说，本文研究结论产生的两个推论，为未来研究提供了进一步的思路。

四　结论与政策含义

以广州南沙时间银行两个社区服务点的数据样本为基础，本文研究了社会资本对互助养老服务的影响。本文结合社会资本的功能维度，通过建立结构模型检验了信任、规范、网络三个变量与互助养老满意度的数据关系。研究发现，互助养老参与者感受到的规范、网络程度越高，其相应的互助养老满意度就越高。此外，参与者的社会信任水平与互助养老满意度并无显著关联。这可能与社区信任的层次结构、互助养老时间银行模式的服务特征有关。

从互助养老推广的角度出发，本文的政策含义在于以下四个方面。第一，社会资本确实与互助养老的效果有关。由于影响社会资本的因素很多，在没有额外资源投入的情况下，政府应该优先选择社会资本存量较高的社区进行试点，使其具备较好的示范效应。第二，在互助养老模式的推广中，老旧社区相对于新兴社区具有一个可能优势，即较高的社会资本存量。这是由于在没有外部力量干预的情况下，社区社会资本的积累主要依靠内部主体的长期相处，在这个过程中，信任、规范、网络相互增强。因此，老旧小区往往比新兴社区更容易推广时间银行互助养老模式。第三，新兴社区可以通过政府发挥政策的引导作用，巩固和增加当地社区的社会资本，以推广互助养老。利用政府为社区的公共产品提供增信是一个可选的渠道（郑红等，2019）。其中，以时间银行模式跨时空交换服务的特性来说，较为恰当的方式可能是以拓展普遍信任为焦点。第四，政府财政应向社会组织进入社区养老服务领域倾斜，应加强志愿者队伍建设，建立完善有效的激励机制，提升其专业服务能力，增强社区自治能力。这有利于在社会治理现代化的背景下平衡治理成本与效果。

【参考文献】

陈际华、黄健元，2018，《农村空巢老人互助养老：社会资本的缺失与补偿——基于苏北 S 县"老年关爱之家"的经验分析》，《学海》第 6 期，第 147 ~ 152 页。

崔亚飞、曹宁宁，2021，《公众环境意向与亲环境行为：社会信任的调节效应研究》，《地域研究与开发》第 4 期，第 136 ~ 140 页。

桂勇、黄荣贵，2008，《社区社会资本测量：一项基于经验数据的研究》，《社会学研究》第 3 期，第 126 页。

胡荣，2006，《社会资本与中国农村居民的地域性自主参与》，《社会学研究》第 2 期，第 62～78 页。

胡荣，2008，《社会资本与城市居民的政治参与》，中国社会学会 2008 年学术年会。

黄少宽，2014，《我国"时间储蓄"养老服务模式的研究进展》，《社会保障研究》第 6 期，第 8 页。

蒋瑛、杨骁、殷贵坤，2022，《信任视角下中老年农户养老保险参与行为研究——基于中国家庭追踪调查（CFPS）数据的分析》，《农村经济》第 2 期，第 9 页。

马丹，2015，《社会网络对生活满意度的影响研究——基于京、沪、粤三地的分析》，《社会》第 3 期，第 25 页。

苗月霞，2005，《中国农村社会资本状况及其对村民自治运作绩效的影响》，《社会主义研究》第 1 期，第 4 页。

聂建亮、孙志红、吴玉锋，2021，《社会网络与农村互助养老实现——基于农村老人养老服务提供意愿视角的实证分析》，《社会保障研究》第 4 期，第 22～33 页。

聂建亮、唐乐，2021，《人际信任、制度信任与农村老人互助养老参与意愿》，《北京社会科学》第 5 期，第 116～126 页。

孙永勇、江奇，2021，《认知性社会资本对农村居民互助养老参与意愿的影响研究》，《辽宁大学学报》（哲学社会科学版）第 5 期，第 85～94 页。

王学婷、张俊飚、童庆蒙，2020，《地方依恋有助于提高农户村庄环境治理参与意愿吗？——基于湖北省调查数据的分析》，《中国人口·资源与环境》第 4 期，第 13 页。

温忠麟、欧阳劲樱、方俊燕，2022，《潜变量交互效应标准化估计：方法比较与选用策略》，《心理学报》第 1 期，第 91～107 页。

吴玉锋、雷晓康、周明，2015，《农村居民养老保险满意度和忠诚度研究——基于社会资本的视角》，《西北农林科技大学学报》（社会科学版）第 1 期，第 28～33 页。

徐家良、薛美琴，2013，《转型期社区管理的中国困惑与国际借鉴——以上海仙霞新村社区为例》，《上海城市管理》第 4 期，第 5 页。

乐章，2004，《现行制度安排下农民的社会养老保险参与意向》，《中国人口科
　　学》第 5 期，第 8 页。

张丽、毕红霞，2019，《基于 AHP – DEMATEL 模型的农村互助养老满意度影响
　　因素研究》，《老龄科学研究》第 10 期，第 15 ~ 27 页。

张文宏、栾博，2007，《社会结构取向下的社会资本研究——概念、测量与功
　　能》，《社会》第 2 期，第 1 ~ 18 页。

赵延东、罗家德，2005，《如何测量社会资本：一个经验研究综述》，《国外社
　　会科学》第 2 期，第 20 ~ 26 页。

郑红、李英、李勇，2019，《引入社区货币对互助养老时间储蓄的作用机理——
　　应对人口老龄化的金融创新》，《财经研究》第 5 期，第 13 页。

郑沃林，2021，《身份认同对农民互助养老意愿的影响及其异质性分析》，《华
　　中科技大学学报》（社会科学版）第 5 期，第 11 页。

Ahern, M. M. & Hendryx, M. S. 2003. "Social Capital and Trust in Providers." *Social Science & Medicine* 57 (7)：1195 – 1203.

Cahn, E. S. 2004. *No more Throw-away People：The Co-production Imperative* (2*nd edition*). Washington DC：Essential Books.

Granovetter, M. 1985. "Economic Action and Social Structure：The Problem of Embeddedness." *American Journal of Sociology* 91：481 – 510.

Guiso, L., Sapienza, P., & Zingales, L. 2004. "The Role of Social Capital in Financial Development." *American Economic Review* 94 (3)：526 – 556.

Manski, C. F. 2000. "Economic Analysis of Social Interactions." *Journal of Economic Perspectives* 14 (3)：115 – 136.

Nahapiet, J. & Ghoshal, S. 1998. "Social Capital, Intellectual Capital, and the Organizational Advantage." *Academy of Management Review* 23 (2)：242 – 266.

Putnam, R. D. 1993. "The Prosperous Community：Social Capital and Public Life." *The American Prospect* 13：35 – 42.

Rubin, R. B. & McHugh, M. P. 1987. "Development of Parasocial Interaction Relationships." *Journal of Broadcasting & Electronic Media* 31 (3)：279 – 292.

Whitham，M. M. & Clarke，H. 2016. "Getting is Giving：Time Banking as Formalized Generalized Exchange. " *Sociology Compass* 10 （1）：87 – 97.

Zand，D. E. 1972. "Trust and Managerial Problem Solving. " *Administrative Science Quarterly* 117 （2）：229 – 239.

政府推动社会企业参与社区服务的行动策略与逻辑

——基于 C 市 W 区的实证考察 *

朱志伟　宋言奇**

摘　要： 随着公众需求层次的提升，社区居民对服务质量提出了更高的要求，因此社区迫切需要不断创新社区服务供给方式。而社会企业以其独特的优势得到了很多地方政府的认可与推崇，成为参与社区服务供给的有效力量。本文以政府如何推动社会企业参与服务为研究起点，运用个案研究，分析政府推动社会企业参与社区服务的行动策略与内在逻辑。研究发现，现阶段政府主要通过显性助推策略、隐性助推策略与关联性助推策略的应用为社会企业参与社区服务提供支持，其内在行为蕴含着治理创新逻辑、公民服务逻辑、主体再造逻辑。而且，随之形成的助推式融合具有很强的现实回应性，可

＊　基金项目：江苏省社科基金青年项目"江苏社区公共服务多元供给的合作机制及优化研究"（项目编号：21SHC012）；江苏高校哲学社会科学研究重大项目"包容性视角下江苏推进长三角公共服务一体化高质量发展的协同性与优化策略研究"（项目编号：2021SJZDA040）；苏州大学人文社会科学学科科研项目"社会企业参与社区服务供给的持续性机制与效能优化策略研究"（项目编号：21XM2009）。

＊＊　朱志伟，苏州大学社会学院副教授，硕士生导师，华东理工大学社会工作（学）博士，主要从事社会组织、基层治理与公益慈善研究，E-mail：zwzhu@ suda. edu. cn；宋言奇，苏州大学社会学院教授，博士生导师，中国社会科学院社会学博士，主要从事基层治理、社会组织、生态社会学等研究，E-mail：songjiahang2001@ 163. com。

以成为社会企业社区化发展的范式选择。

关键词：社会企业；社区服务；助推策略

党的二十大报告在完善社会治理体系方面明确提出要"完善网格化管理、精细化服务、信息化支撑的基层治理平台，健全城乡社区治理体系"，这意味着社区服务需要精细化与精准化。当下，随着公众需求层次的不断提升，社区服务也需做出持续改进。传统的政府－社会组织服务供给格局对保障性服务与普适性服务给予了充分关注，但对具有低偿、有偿特征的发展性服务供给存在不足。而实践证明，社会企业因其独特的公益性与商业性在弥补社区服务原有的供给模式中具有积极作用，已经在重塑社区邻里关系（张维维，2020）、优化政府购买服务机制（苗青、赵一星，2020）、老旧小区治理（杨旎、韩海燕，2021）方面得到了很好的验证。此种情况下，研究政府推进社会企业参与社区服务的行动策略与逻辑对创新社区服务供给模式、构建社区服务共同体具有积极意义。

一　问题的提出

自20世纪80年代社区服务被提出以来，从社区服务开展早期到现有的社区治理阶段，社区服务开始向纵深化、制度化、现代化发展（夏建中，2019）。但是关于何为社区服务，不同学者有差异化的看法。早前有学者认为，社区服务需要包含公共服务、社区公益服务、社区商业服务、互助服务及福利服务，而社区公益服务、互助服务及福利服务主要面向困难群体（李迎生，2009）。李晓林、刘轩（2020）也将社区服务分为公共服务与非公共服务，前者具有普惠性、基础性及平等性的特点，后者具有属地化的差异，与社区发展状况和居民利益相关。但也有学者认为，社区服务的内涵与外延是不断变动的，具有社会经济保障、社会凝聚、社会包容与社会赋权的特质，开始走向发展性服务（黄锐、文军，2015）。学者们对社区服务标准有争议在很大程度上是因为社区服务是随着时代变迁而不断丰富的，这也反映出其具有复杂性、流变性的一面。正因如此，学者们主张改变传统的社区服务供应模式，注重多主体的引入（李友梅，2021），培育以社区社会组织、社区志愿队伍、商业性平台企业等为代表的多元化的社区服务生产主体（吴晓林，2018），发挥"三社联动"对社区服务供给功能的强化作用（曹海军，2017），找回社区服务的"社会性"，促进社区服务主体间协同合作（蔡禾、黄晓星，2020），通过购买服务合同外包、项目委托等形式促进社区服务社会化、市场化（童星，2018），倡导信息技术的引入，认为社区公共服务智慧化供给已经成为补齐社区公共服务供给短板的关键手段与创新模式（何继新、何海清，2019；姜晓萍、张璇，2017）。即使如此，我国的社区服务仍然面临着供需失衡、服务碎片化（李建伟、王伟进、黄金，2021）、专业化程度不高与主体联同性不强（赵浩华，2021）等问题。

在笔者看来，解决社区服务供需过程中存在的系列问题，一方面要进行存量优化，对传统社区服务的需求把握、服务供给模式、机制因地制宜地做出调整，激发社区服务供需活力；另一方面要进行增量改革，针对社区服务供需处境的变化引入新的主体、采用新的方法，创新社区服务持续化供给的组织形态。这也是现阶段社区服务新发展的内在逻辑。尽管社区服务标准不明确，但其至少包括保障性服务（针对社区困难群体）、普惠性服务（针对全体社区公众）及发展性服务（针对社区特定群体），特别是发展性服务会随着居民诉求的变化急剧增长，对服务供给专业性、有效性提出更高的要求，如社区幼托、社区环保。此时，政府因精力有限会造成服务供给不及时，社会组织因组织规模有限会出现不专业的情况，传统企业因利润空间较低会出现不愿做的情况。在此种情况下，居民的发展性服务会存在供给缺位、错位等情况。从实践情况来看，社会企业通过市场化运作以解决社会问题的服务模式在回应社区居民的发展性服务中具有积极作用。但这些积极作用的发挥离不开政府的支持，事实上，社会企业也容易受到政府和民间社会共同利益以及市场资本利益的总体利益影响（Defourny & Nyssens，2017）。政府对社会企业的支持最常见的是直接资助。研究发现，政府资助与社会企业雇用困难群体、社区再投资和民主决策呈正相关，政府资金注入的公共性可以增强社会企业的公共价值创造，但与社会企业的商业盈利能力呈负相关，表明政府资助可以抑制社会企业过度追求利润（Choi & Berry，2021）。值得注意的是，根据场景的不同，政府需要采取差异化资助策略来平衡社会企业与基层民众的关系，如在农业社会企业与农户的模式下，政府采取目标价格与面积补贴的方式所产生的效果是不同的（谢家平、刘丹，2012）。也有学者提出，政府可以采取外部推力、内部拉力与互力互补的方式引导社会企业介入养老服务（章萍，2017）。同时，有学者在考察了新加坡的社会企业发展之后认为，政府要从经济政策上鼓励社会创新，设立主管单位，形成政策共识，优化社会企业财务，加强社会资源的撬动（李健，2016）。而我国港台地区对社会企业的支持呈现行政手段先行、多部门联动、弱强制性工具共用特征（罗文恩、黄英，2018）。

从总体上看，现有关于政府支持社会企业参与社区服务的研究偏少。虽然已有学者注意到社会企业在社区服务供给中的有效性，但是其更加强调社会企业自身的主体性价值，在研究视角上侧重于对某一领域的个案探讨，属于价值与结果导向，对政府与社会企业的互动过程关注不足，特别是对政府何以促进社会企业参与社区服务的本源性问题关注较少。也正因如此，本文立足于政府如何推进社会企业参与社区服务的议题，就政府推动社会企业参与社区服务的行动策略、内在逻辑进行分析。

二　助推：一种解释社会企业社区化的理论范式

助推理论最早源于行为经济学。该学派将心理学融入经济学研究过程，更加关注个体的行为，特别是经济行为。行为经济学对传统的经济理念提出了挑战，认为"理性经济人"更多的是一种假设，因为现实中的人是社会人而非经济人（泰勒、桑斯坦，2015），人们的社会决策并不都是精于计算与理性思考的，也会出现非理性的行为选择，在那些经验不足或知识缺少的领域更是如此。2008 年，行为经济学家理查德·泰勒（Richard Thaler）与法学家卡斯·桑斯坦（Cass Sunstein）正式提出"助推"（nudge）理论。该理论认为，不依赖禁止或经济刺激的方式，而是通过个体的行为偏好或非理性行为，就可以影响人们的行为朝着预期方向发展，并将选择时的行为场景称为"选择架构"（Thaler & Sunstein，2008）。选择架构即决策者通过对行为人心理的综合把握，设定特定的决策情境，改变特定的行为条件，最终使行为的行动偏向于决策者的预期目标，是一种低成本高回报的决策行为，符合"用胳膊肘轻推了一下"，行为人就会更方便地做自身想去做的事情的行为逻辑。可以说，助推以一种非强制性的行为引导，影响人们做出选择，是一种区别于传统社会政策的新工具。基于此，助推理论被广泛应用于政府决策与社会政策制定过程。早在 2010 年，英国卡梅伦政府就组建了世界上首个助推小组，即行为洞见研究小组（Behavioral Insights Team）。2014 年，美国在借鉴英国模式的基础上也成立了以助推为特色的"白宫社会与行为科学小组"（White House Social and Behavioral Sciences Team），其主要任务是通过助推研究促进公共政策改革（Nesterak，2014），期待通过行为经济学与心理学的科学研究促进政府政策改革。事实证明，该小组在戒烟、税收、慈善捐赠等多个领域取得了明显成效（Neatu，2015）。2017 年，在塞勒获得诺贝尔经济学奖以后，就有学者认为这是对助推理论应用价值的肯定（李宝良、郭其友，2017）。简言之，助推即通过低成本的行为干预，激发个体或组织内在的社会偏好，以引导其行为朝着有利于增强社会福利的方向发展。其核心思想可分为两点：其一，人是"社会人"而非"经济人"，其行为会受到社会环境与自身认知的影响而产生非理性行为；其二，用非强制性手段影响人们的决策行为，突破行政命令与经济杠杆的传统约束，主张提供适宜的选择框架引导人们的行为朝着预期方向改变，但是将助推理论应用到不同的场景之中会产生不同的助推行为。例如，有学者认为有启动型助推、显著型助推之分（Wilson，Buckley，and Buckley，2016），激励、默认、显著型与情感、规范、承诺与启动六大类（Blumenthal-Barby and Burroughs，2012），亲自我与亲社会的助推行为（Hagman et al.，2015）。我国学者也从增加策略、减少策略与转换策略三个层面进行了类别划分（张书维、梁歆佚、岳经纶，2019）。各分类标准的多样化缘于应用场景的不同，且标准之间存在内涵重叠的情况，如启动型助推与透明反省型助推都强调情感线索的应用。

回归本文，笔者认为，现阶段的社会企业参与社区服务是对传统社区服务供给模式的改变，是政策变革的结果。用助推理论分析社会企业参与社区服务的行动策略具有很强的现实针对性。从政策制定者角度分析社会企业参与社区服务的实践过程来看，政府的助推策略是要改变社会企业参与社区服务的环境。这种环境一方面直接作用于社会企业，以社会企业为对象；另一方面作用于影响社会企业、引导主体行为发生变化的社会环境，此环境虽然不是以社会企业为直接对象但会影响到社会企业的成长。正如有学者提出，助推是要改变环境中的对象或刺激对象发生变化的外部属性以达到改变健康行为的目的。要看到环境的不同，开展综合性干预，这样决策者就可以付出很少的努力，改变很多主体人的行为（Hollands，Shemilt，and Marteau，2013）。基于此，笔者认为政府助推社会企业参与社区服务的策略可分为以改变社会企业本身的发展环境为目的的显性助推策略与隐性助推策略，以及以改变社会企业发展外部环境为目的，刺激主体行为沿着社会企业发展而改变的关联性助推策略。三种助推策略的作用对象、作用重点各有不同（见表1）。

表 1 政府推动社会企业参与社区服务的助推策略

策略类型	作用对象	作用重点
显性助推策略	社会企业本身	以政策文件、税收优惠、价值倡导直接作用于社会企业
隐性助推策略		以人情、面子、资源交换等非正式方式帮助社会企业与相关主体进行对接
关联性助推策略	社会大环境,引导其他主体向社会企业靠近	强化社会公益倡导与企业社会责任感

三 政府推动社会企业参与社区服务的行动策略

目前,社会企业参与社区服务已经成为一种既定事实,且在全国多个省市呈现不断加强的趋势。以 C 市 W 区为例,截至 2021 年 10 月初,根据 W 社区治理委员会统计,该区共有社会企业 72 家,其中直接参与社区服务供给的 61 家,占比高达 84.7%,其服务内容涵盖社区养老、环境保护、物业管理、社区平安、文化传承等多个领域。在中国慈展会与成都市社会企业认证层面,该区经过认证的社会企业数量一直名列前茅。现阶段,社会企业参与社区服务已经成为 W 区弥补社会公共服务不足、助力社区治理优化升级的重要方式,形成了引领社会企业发展的服务模式。这也是本文选择将该区作为研究对象的重要原因。

(一) 显性助推策略的实践应用

显性助推策略是指通过正式程序、标准化流程设定等方式影响主体行为选择,最典型的是出台政策。出台引导性的政策文本可以使组织及个人的行为决策过程更加具有针对性。当组织及个人很难获得充足的信息或信息失真时,往往很难做出可以为自身带来福利的决策行为。因为政策蕴含着"集体行动控制个体行动"(康芒斯,2014)的行为逻辑,其产生是集体行动的结果,所以当政策不明确时,个体或组织就会产生行为限制，即使有相应的决策行为，也不能按照已有社会偏好做出决策。对于政策制定者而言，适时地出台一些引导性的制度文本，加大信息公开力度，打破决策者和受众之间的信息不对称则是相对低成本的政府行为。在实践中，W 区十分注重促进社会企业参与社区服务政策的出台，鼓励其他主体参与社会企业社区化发展。

自发展社会企业的战略确定后，W 区首先通过政策制定为社会企业释放更多的发展空间。与以往发布的那些规范性政策不同，由于社会企业参与社区服务尚处在探索期，对促进社会企业发展的政策文本有了更多的柔性化倾向。例如，由区委区政府在 2018 年制定出台的《C 市 W 区关于培育社会企业促进社区发展治理的意见》明确提出"鼓励、支持社会力量投资创办社会企业""优化发展社区生活性服务类社会企业"，将社区生活性服务类社会企业作为重点支持对象，放宽了社会企业成立的条件，为社会企业参与社区服务与治理工作提供了强有力的法律支撑，促进了社区服务型企业的成长。同时，为了提升社会企业服务社区的能力，W 区在 2021 年出台的《W 区关于培育发展社会企业的实施办法（试行）》中规定"放宽社会企业住所（经营场所）登记条件""培育孵化支持""鼓励参与行业认定"。其中，认定标识成为影响主体选择的一种信息标签。经过认定的社会企业一方面在开展社区服务时会吸引更多的支持者，另一方面也影响了社区选择合作伙伴的偏好。也正是在政策的引导下，该区先后由社会组织发起成立了社会企业培育发展中心，针对处于不同发展阶段的社会企业进行了全流程帮扶，"以赛代练"开展各类社创大赛。在出台政策的基础之上，W 区十分注重政策的宣传与公开，通过政府微信发布平台、微博、报纸、媒体、社区宣传栏等媒介积极发布政策信息，扩大政策的社会影响力。

正是在政策的支持下，无论是在社会企业的发展数量方面，还是在社会企业参与社区服务的项目数量、质量方面，W 区都处于全市前列。辖区内各社会企业从业者也自发设立了"社企下午茶"，吸引了大批社区工作者、社会组织人员参与，促进了不同主体间的交流与合作。社区服务具有很强的公益性，这就注定了社区服务供给不可能完全市场化。而社会企业的本质是企业，企业参与社区服务供给并解决社区问题的行为本身具有一定的非理性，因为同等条件下商业服务获利肯定高于社区服务带来的利润，这违背了企业盈利的根本属性。以政策为手段的显性助推策略发挥作用的核心在于"导"，即政策的出台为企业承担社会责任和解决社区服务面临的问题提供了方向性引导，释放了空间，使企业将原本高利润的商业运作模式完全或部分转型为低利润性的亲社会行为，引导社会企业参与社区服务供给过程。

（二）隐性助推策略的实践应用

隐性助推策略通过非正式手段、潜意识的线索提供等方式影响主体行为，人情、面子、熟人关系当属这一类。一般情况下，当主体面临复杂选择时，除了需要考虑以政策为代表的这些显性助推策略外，还会将一些潜在的非正式手段纳入影响决策行为发生的范围，而这些往往是政策制定者无法预想到的，但这并不意味着这些隐性助推策略是非法的。在很多情况下，隐性助推策略往往被政策制定者获悉，甚至也被政策制度者运用。助推视角下的人是社会人，而这些非正式方式正是源于不同主体的互动、合作，其本质并非强制性手段可以控制或消除的。政策制定者需要对隐性助推策略加以引导，鼓励其发挥积极、正向作用。纵观 W 区社会企业社区化服务过程，人情、面子、熟人关系的应用也很常见。

隐性助推策略经常存在于政府与社会企业发展过程中，特别是当社会企业已经成为参与社区治理与服务的有效力量时，政府对其态度也会发生很大转变。这也为人情、面子、熟人关系这些非正式关系的应用提供了现实基础。在政府推动社会企业参与社区服务的过程中，人情、面子往往不是单独发挥作用的，其经常处于特定的行为框架下，且与政府工作人员的默认或不干预行为有关。例如，2018 年，W 区 J 街道开展政府购买社区党建服务工作。按照当时的规定，注册的企业并不在购买对象的清单之中，即使社会企业参与竞标程序，也会存在很多模糊之处。但考虑到参与竞争的 ZW 社会企业是街道书记看重的企业，且街道书记也与该社会企业负责人保持着良好的个人关系，街道就采用了"默认"的方式，允许该社会企业竞标并获得相关的项目支持，后续还让其参与智慧党建平台的建设，提高了该社会企业参与社区服务的程度。在此案例中，基于人情、面子的"默认效应"是一种有意识的线索引导，这种线索既是一种对街道书记与社会企业负责人情感关系的考量，也是一种对领导意图的行为引导。两者综合改变了初期社会企业不能参与社区服务的格局。此外，人情之内的资源链接与行为指向也对社会企业服务区域的选择具有显著的影响。在实践调研中，一家做餐饮的 S 社会企业与社治委的一名政府工作人员比较熟悉。企业成立初期的主要定位是做社区老年助餐，但老板对在何处设立服务点、哪个社区老年群体多并不是很了解。在此情况下，社治委的工作人员为该社会企业提供了一张区内社区人口结构图，指明 H 社区有空间资源，并帮助其联系了 H 社区的书记。经过对接后，S 社会企业成功入驻 H 社区并为辖区内的老年人提供助餐服务，第一年就实现了盈利。可以说，人情关系蕴含着对社会企业服务范围的引导。没有人情关系的行为引导，S 社会企业的服务范围与业绩模式则具有很大的不确定性。此时，人情关系之下的"位置效应"明显，这种"位置效应"通过人情关系的资源链接优化资源重组的空间，实现不同资源间的最佳配对，进而达到降低组织运作成本的目的。

在隐性助推策略之下，人情、面子与熟人关系这些非正式的行为方式对社会企业参与社区服务会产生"默认效应"与"位置效应"，促进社会企业发展与社区服务的融合。但需要思考的是，"默认效应"与"位置效应"是否符合助推"用胳膊肘轻推了一下"就会让行为人按照自己的意愿去做事情的行为逻辑。笔者认为，这是完全符合的。因为这两种效应在人情、面子与熟人关系的助力之下不存在强制性的规范，只是对社会企业所处的选择框架做出了改变。社会企业在这种情况下呈现的行为表现更加直观，也更符合政府期待。

（三）关联性助推策略的实践应用

关联性助推策略突破了前两种以政策对象与非正式关系为重点的直线思维，通过对现有政策目标与形式的转变、调换，扩大选择框架的影响范围，间接地改变对象所处的社会情境，以达到特定目的。关联性助推策略的核心是重视影响决策的外部环境因素，在改变政策环境之后，引导行为人按照特定预期目标改变行为。这些关联性主要表现为情境场域与心理账户层面。其中，情境场域通过引导与政策对象相关的主体而间接地为政策对象创造发展条件，增强选择情境的引导性；心理账户则以划定决策框架的形式引导政策对象做出符合决策框架的行为。两者的共同特征是引导对象的间接性与决策行为的利他性。

在推进社会企业参与社区服务的实践过程中，W 区在鼓励相关主体直接成立社会企业的同时提倡企业向社会企业转型，积极创造转型环境。在情境场域下，政府一方面鼓励传统企业让利于民，适时调整利润比例，增强企业的公益性；另一方面创造条件让传统企业可以进入社区，不断拓展传统企业承接社区服务的空间。最典型的就是该区十分注重信托制物业的推广。传统物业企业承接社区物业后通过包干形式赚取利润。物业公司高物业费与业主多需求间往往存在张力。信托制物业则以固定的利润比例，利用高透明度、强信任关系的特点在一定程度上缓解物业公司与业主间的张力，因而受到当地政府部门的认可与推广。早在 2019 年 4 月，该区就通过招投标开展信托制物业的试点，此后参与其中的物业公司与小区数量不断增加。截至 2021 年 5 月初，纳入该区社会企业扶持名单且从事物业管理的企业多达 10 家。在信托制物业的引入下，社区居民与物业公司建立了良好的信任关系。在获得利润的情况下，各物业公司开始积极参与社区服务，改变了传统形势下的物业服务模式。而且随着信托制物业的持续推广，这种转变日益明显。在此种服务逻辑下，很多企业开始向社会企业转型，并积极参与社会企业认证过程，这也为社会企业进一步发展提供了资源支持。

同时，鼓励划定公益账户的行为也极大地增强了企业的公益情怀。早在1985年，塞勒就提出过心理账户理论（Thaler，1985）。该理论认为，个体、群体及组织都有一个潜在心理账户系统，且人们把财富划进不同的心理账户进行管理，不同的心理账户产生差异化的消费行为。W区市场监管局从增强社会责任意识的层面出发，鼓励企业通过社会捐赠、志愿服务等方式参与社区服务与发展，对表现突出的企业进行媒体宣传、文明单位评选，优化纳入政府支持计划。这种行为本质上是引导企业开展第三次分配，潜在地对调整企业传统发展模式下绝对的利润分配账户结构产生了积极影响，打破了利润导向下的利己性格局，使利他性的资金分配比例不断提升，企业的账户分配结构开始走向商业性与社会性并存，是对现代化企业家精神的一种培育。这恰好与社会企业的价值主张相契合，为传统企业向社会企业转型营造了良好的氛围，代表着企业未来的发展方向。

四　政府推动社会企业参与社区服务的内在逻辑

（一）　政治锦标赛下的治理创新逻辑

从实践来看，W区各政府部门对社会企业参与社区治理表现出很大的兴趣，在很大程度上与当下的政府治理体制有关。市场经济最大的特征在于竞争性。自我国确定了市场经济体制之后，随着企业减负与政府改革的推进，发展市场经济成为社会各界的基本共识。竞争性氛围也随之形成，并在各个领域内得到了应用，政治管理体制层面也不例外。特别是在分税制改革之后，各地方政府在经济发展层面有了更大的独立权。在财政分权的行政体系之下，以GDP为主要指标的绩效考核成为各个地方政府竞争的重要对象，由此形成了一种以经济增长为核心的锦标赛模式。早前，周黎安就提出了基于竞争基础的官员晋升的政治锦标赛（周黎安，2010）。该模式是上级政府为下级政府行政负责人设计的一种竞争赛事。在这种赛制下，优胜者将得到晋升。这种竞赛的标准既可以是经济增长率，也可以是其他的层面。进入新时代，在中央政府改革力度的不断加大与基层民众需求层次的不断提升之下，政府开始越来越重视社会建设与治理工作。十八大以来，党和政府对基层社会与基层服务的重视程度进一步提高。各个地方在社会治理领域的投入越来越多，同一地区不同区域之间都希望可以在创新社会治理、加强基层建设方面做出新的成就，这无形中加强了区域间在社会治理层面的竞争，随之而来的是对基层政府领导的要求越来越高，因为他们在社会治理层面的表现会直接影响其政治晋升的空间，甚至有些地方已形成了"结对竞赛"的服务格局（黄晓春、周黎安，2019）。正因如此，各个地方的基层领导对社会治理的重视程度与日俱增，这增加了基层工作者的行政压力。在实践调研中，多名区级政府工作人员表示，推动社会企业参与社区服务是一项治理创新，在成果突出的情况下，相关部门负责人也会获得更多的政治机会与政治回报。其主要表现为将社会企业参与社区服务纳入基层部门与领导考核指标。考核结果一方面会直接影响部门的区域性排名与影响力，另一方面会决定部门领导个人的政治话语与晋升空间。而政府部门选择不同形式的助推策略，根本原因在于政府执法与政策理念的柔性化转变。结合社会企业正处于发展初期的特性，柔性化引导的助推策略符合社会企业发展的现实期许，可以帮助政府获得比依靠强制性手段更多的政治回报。

（二）美好生活导向下的公民服务逻辑

基层民众需求的变化既与经济社会的发展水平有关，也离不开自身发展特征的影响。进入新时代，我国的社会矛盾已经转变为人民日益增长的美好生活需要与不平衡、不充分的发展间的矛盾。在实践中，W区的社区人员结构复杂、需求层次升级不同对政府治理能力提出了新的挑战，要求各级政府部门采取多种方式及时回应居民需求。这也成为该区政府部门大力推动社会企业参与社区服务的直接动力与服务逻辑。社区需求结构复杂，除了社区公共服务的一般性需求之外，该区的家庭全职妈妈、幼托、老年人助餐、物业管理方面的需求也很突出，特别是在物业管理过程中业主与物业公司的矛盾比较尖锐，当地部门为了解决这些矛盾，十分重视物业类社区社会企业的培育。该区也因此成为全国第一个设立信托制物业支持资金的区县。同时，因该区文化娱乐产业发展较快与网红打卡点布局的优化，辖区的流动青年群体也在持续增加，并成为社区治理中不可忽视的群体。在需求层次升级方面，调研中多位社区书记或主任反映社区教育、社区环保、健康养生等方面的需求正在不断增加。一些传统性的社区服务，如老年服务，也要求根据不同的年龄阶段、健康状况提供相关的服务，且收费性服务正在被社区居民接受，但居民对服务的质量要求进一步提升，无形中增加了社区服务供给的难度。传统政府主导下的社区服务供给虽然具有很强的公共性价值与社区福利性，在特定的社会情境下可以满足居民的需求，但随着治理情境的变化与居民诉求的多样化，社区服务需要有新的突破，在创新服务模式的过程中既要有社区服务过程的规划思维与创新意识，也要强调社区服务供给的效率逻辑，即思考如何在差异化的服务诉求中寻找最佳的服务议案。此时，社会企业成为 W 区政府部门创新社区服务方式的有效选择。当下，随着社区居民人口结构异质性的增强与服务需求的转型升级，政府需要做出回应以促进社会公正，维持主体间的良性互动关系。政府推动社会企业参与社区服务供给，最重要的是社会企业以商业化的运作模式解决社会问题，在很大程度上与政府的价值主张存在契合性，可以帮助政府缓解社区服务的供给压力，通过服务效应的扩展提高居民对政府的认可度。

（三）社区公益发展下的主体再造逻辑

近年来，我国的慈善事业得到了持续发展，特别是自《中华人民共和国慈善法》颁布以来，慈善理念得到全方位贯彻，基本形成了政

府、市场与社会一体化的慈善发展格局，而社区成为公益事业发展的重
要场域。从现有的规划来看，W 区提出通过"三个一"模式①，加强社
区公益生态圈建设。其中，社会企业被赋予维持社区公益可持续发展的
使命。正是在这样的规划之下，该区成立了 C 市首家社区社会企业，
并通过"上下联动""内外结合""先后有序"的方式，明确社会企业
培育重点，提升社区服务能力。很多社会企业除了在社区开展服务，扮
演服务提供者的角色之外，还实现了角色边界的拓展。其一，社区慈善
资源的捐赠者。在实践中，有的社区社会企业将服务性收费所得的
20% 甚至更多捐赠给区社区基金会，用于特定社区的贫困家庭救助与服
务工作；也有社会企业为社区微改造引入资源，提供新技术，极大地节
省了服务成本，形成了"服务社区，回馈社区"的格局。其二，社区
矛盾的调解者。该区在培育社区社会企业的同时，积极推动社会组织向
社会企业转型。现阶段，这已成为发展社会企业的又一路径。调研发
现，有社区社会组织主要做社区矛盾调解工作，但有关扶持社会企业的
政策出台后，该社区社会组织就成立了社区家政服务公司，一方面以社
区家政服务公司的名义为社区居民提供公共性家庭服务，另一方面以
社区社会组织的形式联动社区居委会一起为社区提供矛盾调处类服务。
此行为促进了社会企业社区化的推进。正因如此，该区的社区公益主体
相对多元且具有活力，形成了社区基金会、社会企业、社区专项基金、
微基金等协同并进的合作模式。从社会企业在社区公益中发挥的作用
来看，社会企业之所以被赋予维持社区公益持续性的重任，一方面是因
为社区内的社会组织力量不足，集中表现在专业服务力不足、经济能力
低下、对政府依赖性强；另一方面是因为社区公益资源面临着流动固化
（朱志伟、徐家良，2020）、资源量小、组织形式单一等问题。而社会
企业社区化的主体再造可以在很大程度上缓解这方面的困境，激发社

---

① "三个一"模式是指建立健全一套体制机制、创新搭建一个综合平台、培育发展一批社会
企业。

区公益的活力，具有很强的现实回应性。

五　助推式融合：社会企业社区化的范式选择

社会企业已经成为当下创新社会治理、加强基层建设的有效力量，正在被越来越多的地方政府重视。通过对 W 区政府推动社会企业参与社区服务案例的考察发现，政府正在采用多种助推策略拓展社会企业参与社区服务的空间，为社会企业业务与社区服务相互融合提供便利条件。在此过程中，"助推"是行动策略，"融合"是最终目的。两者之间是手段与目标的关系，即政府推动社会企业参与社区服务的最终的目的在于将政府、社会组织、居民互助合作提供社区服务进行融合，形成社区服务协同供给共同体。政府对社会企业参与社区服务的助推具有很强的现实针对性与操作性，未来会成为社会企业社区化发展的有效选择。其主要基于以下两点。一是政府通过政策激励、行政引导等方式为社会企业参与社区服务提供了很好的契机，但并不会强迫社会企业做出改变，也不会代替其做出选择，只是用不会显著增加成本的方式帮助社会企业做出更好的选择，是在主体自愿基础之上形成的一种行为引导与环境营造。政策理念比较先进，可以产生低投入、高回报的政策效应，受到政府部门的认可与接纳。二是当下社会企业正处于发展探索期，面临着发展方向不明确、服务空间较小等问题。社会企业社区化的发展道路恰好可以为其生存与发展提供机遇，服务过程中蕴含的关系资源、服务资源、市场资源可以为社会企业提供强有力的保障，特别是社会企业与政府、居委会、社区居民、社会组织的多向互动可以直接影响社会企业的服务领域与发展方向。

助推式融合是在政府推动下市场、社区、社会组织与居民需求不断融合、相互支持的过程，政府需要就助推式融合的主体、内容与方式做出进一步明确。就助推式融合的主体而言，政府需要构建以党政为第一行动主体，社会企业为第二行动主体，社会组织、企业为第三行动主体的发展格局。本文只阐述了政府的助推作用，限于篇幅，对其他主体的助推作用未进行深入探讨，但其他主体的作用发挥仍不可忽视。其中，作为服务生产者的政府要积极引导，明确社会企业的法律地位，拓宽社区服务社会化的组织边界；作为服务提供者的社会企业则要提高服务能力，不断提升服务质量，创新组织运作模式，实现健康、持续、有效发展。就助推式融合的内容而言，政府需要以社区为本，回归居民需求与社区高质量发展的维度。居民需求是通过自下而上的方式显现的，不同于那种"我觉得居民需要什么"的先入为主的观点，社区服务要回应居民生活中的痛点、难点。社区服务高质量发展应立足于增强居民参与社区事务的公共性意识，打造协商自治与共治相结合的服务模式，增强居民对社区的归属感与美好生活的获得感。就助推式融合的方式而言，政府既要采用以制度、技术等为代表的理性化治理手段，也要注重以文化、温情等为代表的情感性治理作用的发挥，处理好理性化治理标准化与情感性治理差异化的关系，因地制宜地创新融合方式，促进助推式融合信度与效度全面提升。但需要注意的是，因社会企业自身的定位不同，不同地区的社会企业甚至同一地区的不同社会企业在参与社区服务过程中可能会存在阶段性差异，相应的，政府推动社会企业参与社区服务的助推策略也会不同。政府仍然需要对助推策略的适应性情境做出具体分析。

【参考文献】

蔡禾、黄晓星，2020，《城市社区二重性及其治理》，《山东社会科学》第 4 期，第 89 ~ 100 页。

曹海军，2017，《"三社联动"视野下的社区公共服务供给侧改革——基于 S 市项目制和岗位制的案例比较分析》，《理论探索》第 5 期，第 23 ~ 29 页。

何继新、何海清，2019，《城市社区公共服务智慧化供给治理：基本物质、标靶方向和推进路径》，《学习与实践》第 4 期，第 100 ~ 109 页。

黄锐、文军，2015，《基于社区服务的城市基层治理：何以可能，何以可为》，《福建论坛》（人文社会科学版）第 9 期，第 149～155 页。

黄晓春、周黎安，2019，《"结对竞赛"：城市基层治理创新的一种新机制》，《社会》第 5 期，第 1～38 页。

姜晓萍、张璇，2017，《智慧社区的关键问题：内涵、维度与质量标准》，《上海行政学院学报》第 6 期，第 4～13 页。

康芒斯，2014，《制度经济学》（上册），于树生译，商务印书馆，第 89 页。

李宝良、郭其友，2017，《经济学和心理学的整合与行为经济学的拓展及其应用——2017 年度诺贝尔经济学奖得主理查德·塞勒主要经济理论贡献述评》，《外国经济与管理》第 11 期，第 138～152 页。

李建伟、王伟进、黄金，2021，《我国社区服务业的发展成效、问题与建议》，《经济纵横》第 5 期，第 48～60 页。

李健，2016，《政府如何促进社会企业发展？——来自新加坡的经验》，《经济体制改革》第 5 期，第 19～24 页。

李晓林、刘轩，2020，《加快完善社区服务体系的思路与举措》，《宏观经济管理》第 8 期，第 36～41 页。

李迎生，2009，《对中国城市社区服务发展方向的思考》，《河北学刊》第 1 期，第 134～138 页。

李友梅，2021，《人民为本的中国实践及其内在逻辑》，《社会科学战线》第 5 期，第 1～11 页。

罗文恩、黄英，2018，《我国港台地区社会企业成长中的政府角色比较研究》，《甘肃行政学院学报》第 4 期，第 96～109 页。

苗青、赵一星，2020，《社会企业如何参与社会治理？一个环保领域的案例研究及启示》，《东南学术》第 6 期，第 130～139 页。

泰勒，理查德、卡斯·桑斯坦，2015，《助推：如何做出有关健康、财富与幸福的最佳决策》，刘宁译，中信出版集团，第 55 页。

童星，2018，《社会主要矛盾转化与民生建设发展》，《社会保障评论》第 1 期，第 3～12 页。

吴晓林，2018，《城市社区的"五层次需求"与治理结构转换》，《国家治理》

第 31 期，第 13～19 页。

夏建中，2019，《从社区服务到社区建设、再到社区治理——我国社区发展的三个阶段》，《甘肃社会科学》第 6 期，第 24～32 页。

谢家平、刘丹，2012，《"农业社会企业＋农户"模式下政府补贴方式选择：目标价格相对于面积补贴》，《管理工程学报》第 1 期，第 89～97 页。

杨旎、韩海燕，2021，《共益型社会企业对老旧小区长效治理的驱动机制——角色重塑与资源重配》，《北京行政学院学报》第 3 期，第 34～41 页。

张书维、梁歆佚、岳经纶，2019，《行为社会政策："助推"公共福利的实践与探索》，《心理科学进展》第 3 期，第 428～437 页。

张维维，2020，《社会企业与社区邻里关系的重建——以四个社会企业为例》，《浙江社会科学》第 4 期，第 64～78 页。

章萍，2017，《政府和社会资本合作模式下社会企业介入养老服务路径研究》，《现代管理科学》第 6 期，第 85～87 页。

赵浩华，2021，《利益分析视角下社区治理主体间的冲突及其化解》，《行政论坛》第 4 期，第 121～126 页。

周黎安，2010，《官员晋升锦标赛与竞争活动》，《人民论坛》第 15 期，第 26～27 页。

朱志伟、徐家良，2020，《公益组织如何嵌入扶贫场域？——基于 S 基金会扶贫参与策略的案例研究》，《公共行政评论》第 4 期，第 118～198 页。

Blumenthal-Barby, J. S and Burroughs H. 2012. "Seeking Better Health Care Outcomes: The Ethics of Using the Nudge." *American Journal of Bioethics* 2: 1–10.

Choi, D. and Berry, F. S. 2021. "Can Infused Publicness Enhance Public Value Creation? Examining the Impact of Government Funding on the Performance of Social Enterprises in South Korea." *The American Review of Public Administration* 51 (3): 167–183.

Defourny, J. and Nyssens, M. 2017. "Fundamentals for an International Typology of Social Enterprise Models." *Voluntas: International Journal of Voluntary and Nonprofit Organizations* 28 (6): 2469–2497.

Hagman, W., Andersson D., Västfjäll D., & Tinghög G. 2015. "Public Views on

Policies Involving Nudges. " *Review of Philosophy and Psychology* 6 (3): 439 – 453.

Hollands, G. J, Shemilt I, and Marteau T. M. 2013. "Altering Micro-Environments to Change Population Health Behaviour: Towards an Evidence Base for Choice Architecture Interventions. " *BMC Public Health* 13 (1): 1 – 6.

Neatu, Alina Maria. 2015. "The Use of Behavioral Economics in Promoting Public Policy. " *Theoretical and Applied Economics* 2: 255 – 264.

Nesterak, Evan. 2014. "Head of White House 'Nudge Unit' Maya Shankar Speaks about Newly formed Social and Behavior Science Team. " The Psychreport, July 3. http://thepsychreport. com/currentevents/head-of-white-house-nudge-unit-maya-shan-kar-speaks-about-newly-formed-us-social-and-behavioral-sciences-team/.

Thaler, R. H. 1985. "Mental Accounting and Consumer Choice. " *Marketing Science* 3: 199 – 214.

Thaler, R. H. and Sunstein, C. R. 2008. *Nudge*: *Improving Decisions about Health*, *Wealth*, *and Happiness*. New Haven, CT: Yale University Press, p. 69.

Wilson, A. L. , Buckley E. , and Buckley J. D. 2016. "Nudging Healthier Food and Beverage Choices Through Salience and Priming. Evidence from a Systematic Review. " *Food Quality and Preference* 51: 47 – 64.

共生性自主：第三方评估本土实践的理论范式

——基于对上海 H 区妇联项目评估实践的历时性考察[*]

吴佳峻　徐选国[**]

摘　要： 当前，第三方评估越发成为一种技术治理的手段与工具。然而，在本文中第三方评估能够积极发挥以评促建的社会化作用，其自主性逐渐生成，并日益被纳入 H 区妇联的治理结构体系，成为其中的一个治理主体。本文基于"结构－行动"的整合方法论路径，以职业自主性为理论依据，搭建政策自主性与专业自主性互构的分析框架。研究发现，第三方评估职业自主性的生成是政策自主性与专业自主性互构的结果，是一种基于共容利益导向采取的有共识性的集体行动。需要进一步指出的是，这种共容利益是由第三方评估的本质、专业实践的社会化导向以及群团改革背景下 H 区妇联的群众化导向共同塑造的。最后，本文提出的共生性自主跳出以往政社二

　＊　基金项目：国家社科基金青年项目"城市社区社会工作理论创新及整合行动体系构建研究"（项目编号：17CSH051）以及国家社科基金青年项目"目标导向的社会服务项目成效测评研究"（项目编号：19CSH063）。本文中妇联购买社会服务具体指妇联代政府购买服务。
　＊＊　吴佳峻，南开大学周恩来政府管理学院社会学（社会工作与社会政策）博士研究生，研究方向为第三方评估、基层社会治理、技能社会学等，E-mail：nirvana_18@163.com；徐选国（通讯作者），华东理工大学社会与公共管理学院社会工作系副教授、博士生导师，研究方向为社会体制改革、第三方评估、社区社会学等，E-mail：xxg870530@163.com。

元对立的依附式自主，是基于第三方评估秉持的本质导向与 H
区妇联的目标不断发生耦合的一种本土化实践的理论范式。

关键词：第三方评估；职业自主性；妇社关系；共生性
自主

一　问题的提出

在近年来有关"政府购买服务"以及"第三方评估"等相关政策
的不断推动下，第三方评估成为参与政府购买服务制度推进与实践的
一种不可回避的方式，并日益成为改变社会、促进社会治理创新的重要
实践机制（王名，2019）。许多学者将第三方评估放在合法性框架下进
行展开（徐家良、许源，2015；高丽、徐选国，2019；吴磊，2019），但
随着市场经济的深入推进，在科层制行政逻辑的主导下，第三方评估逐
渐成为政府治理的技术工具（吴佳惠、王佳鑫、林誉，2015），即在对
社会组织服务开展评估中发挥的是检查、监管式功效（尹阿雳、赵环，
2018），并且仅仅作为经费拨款、项目结项、绩效证明的一种工具手
段。换言之，社会组织在受到政府行政主导的同时，还受到来自第三方
评估的检查压力，加剧政社双方关系的不稳定性，体现出第三方评估实
践具有较强的管理主义倾向（姚进忠、崔坤杰，2015）。在这样的基调
之下，政府是行动主体，第三方评估则被视为政府治理的"助手"。在
实践过程中，由于受到权力的干扰、结构的限制等，评估的客观性与真
实性难以呈现，评估自主性的生成被抑制。或言之，第三方评估成为被
动的客体、受支配的行动者。基于此，第三方评估的专业实践（技术）
能力必然遭到一定程度的弱化与虚化，其专业初衷被稀释。同时，第三
方评估难以发挥协调购买方与被评方关系的作用，也无助于可持续性
改进社会服务项目绩效，无法使更多的服务对象从中受益。

第三方评估的工具化导致其自主性式微的现象屡见不鲜，并制约

着各个地方社会治理创新的可持续发展。笔者在上海 X 评估中心实习的过程中，通过参与上海 H 区妇联项目的评估实践发现，经过与 H 区妇联几年的合作，一方面，中心逐渐被纳入 H 区妇联购买社会服务的结构框架之中，成为其不可或缺的重要组成部分，并在整个治理结构中拥有一定的合法性位置与话语权；另一方面，中心能够如其所是地发挥其社会化作用，提高自身专业实践能力，从而获得妇联的认同并与之开展持续性合作。

那么，在第三方评估实践普遍呈现工具化导向的背景下，上海 X 评估中心为何能够运用自身多重的专业实践能力，不断拓展自身实践自主性的空间？其在强调自身的自主性时，为何没有遭遇购买方的反对与限制，反而被积极认可并得到购买方提供的第三方评估实践自主性所需的空间？基于此，本文试图将上海 X 评估中心与 H 区妇联合作的过程作为研究对象，采用"结构 - 行动"的研究范式，以"职业"角度重新切入理解第三方评估自主性，即职业是建立在结构与行动之间的概念，职业实践会受到结构性制度设置的约束，同时职业自身的专业技术与知识也会影响职业实践。

二 理论基础与分析框架

(一) 理论基础：职业与职业自主性

究竟何谓"职业"？这是职业社会学一直以来争论不休的问题。关于"职业"的定义，许多学者通过列举职业特征与属性来对职业进行界定，但是不同学者列举出的职业特征尚缺乏固定的、一致的答案（Carr-Saunders and Wilson，1933：3 - 4）。贝克认为，上述问题的关键在于"职业"是一个模糊的概念，于是他提出把职业作为一种"符号"，放弃对职业的科学研究以及给予职业明确定义的想法（Becker，1962：27 - 46）。然而，笔者认为，贝克的职业"符号"论虽然解决了职业在定义上模糊的问题，但是如果把职业仅仅作为一种"符号"，那么职业本身被赋予的政治性意义以及社会性意涵难以凸显，或言之，职业社会学的研究进程也将戛然而止。但事实并非如此。很快就有学者提出，与其研究职业的属性，不如将注意力集中在职业化的进程上。于是20世纪70年代，对职业化的研究开始流行起来，它旨在探索职业发展过程中专业化知识的积累以及对专业技术能力垄断的社会条件等（Roth，1974）。20世纪80年代以后，职业化又遭受了诸多学者的批判。其中，阿伯特认为当前的职业化过程仅仅停留在某一职业的结构层面上，忽视了职业的具体工作内容以及职业与职业之间的联系。他认为，处于同一工作领域中的各个职业共同构成了一个相互依赖的职业系统，并且每个职业都有对某些工作的管辖权，而职业就是在管辖权的边界冲突中产生的（阿伯特，2016：95～133）。

言及于此，这里要引出职业社会学领域当中极其重要的一个概念，即"职业自主性"。上文关于"职业"的理论研究大多立足于结构视角研究"职业化"，并认为职业自主性先赋地包含于职业化的结果中，即职业自主性是由特定结构赋予的，但这种研究进路忽视了具体的职业实践情境与机理。虽然阿伯特基于"职业互动"分析维度，将分析层次转变到"情境"层面，即探析职业自主性是如何在不同职业互动过程中生产建构出来的，但是同样缺少"结构"层面的关怀。而对职业自主性的研究实际上来源于弗莱德森与约翰逊。首先，弗莱德森在其《医学职业》一书中指出，能够将职业与其他行业区分开来并且有明显界限的一个共同标准就是自主性的事实，即一种对其自身工作合法控制的状态（Freidson，1970：82）。在弗莱德森看来，一个职业要形成自主性，就必须具备强大的排他性权力，而强大的排他性权力就来源于职业知识的制度化过程。不难看出，弗莱德森对职业自主性的论述仅仅是从职业内部的视角来进行的，因此，他缺乏从外部关系的角度来审视职业自主性这一命题。于是约翰逊利用生产者与消费者之间的关系，指出消费者（客户）以及国家是职业自主性不可忽略的外部因素（Johnson，

1972）。由此可见，弗莱德森关于职业自主性的论述站在职业的内部视角，并以知识的制度化为职业自主性建立的"王牌"，而约翰逊更多站在职业的外部视角，以与不同主体的互动对职业自主性进行界定。但是笔者认为，无论是从内部视角还是从外部视角来界定，这都是对职业自主性的一种"撕扯"。

行文至此，通过对"职业"的一个简短综述，笔者尝试对职业下一个初步的定义。职业是指在国家的承认与推动下，相关成员经由专业知识训练，掌握实践技能，为了获取主要生活来源，能够回应、解决相关问题，并且在与国家（政府）互动的过程中拥有一定的自主性与管辖权、具有排他性的行业群体的概念总称。在 2022 年新修订的《中华人民共和国职业分类大典》中，国家虽然尚未明确把第三方评估工作者列为职业，但实际上第三方评估工作者拥有其自身的专业技术能力。在国外，第三方评估已经成为一种制度化的事实，在评估范式上也存在不断的迭代升级。同时，国外对第三方评估工作有职业化的认定标准，对其从业人员也有职业化的考评认证体系。因此，第三方评估工作者能够参与国家治理、社会治理以及科学研究，发挥着重要作用。而笔者把第三方评估视为一种职业则是基于以下四个方面。首先，近年来在国家政策的引导与驱动下，政府越来越将第三方评估视为购买服务的主体，突出强调第三方评估在购买服务、创新基层社会治理等方面的作用；其次，尽管第三方评估当前持有的理论等来源于国外，但是其具有专业的理论、知识与方法，评估员需要接受相关的专业培训；再次，当前第三方评估具有不同类型的实践载体，如评估公司、高校团队、评估机构等；最后，第三方评估遵循"科学、客观、公正"的原则，通过实践提升政府购买服务绩效，强化政社合作关系，推动公共政策制定，助力社会治理改革与创新。上述事实意味着，第三方评估工作者已然从职业的角度嵌入国家治理与社会治理的事业中。虽然第三方评估目前还不具备完善的人才认证体系，也不具备相关的职业或行业协会，但笔者认为我国第三方评估工作正走在职业化的发展道路上，第三方评估工作者从事的是一种职业化、专业化的服务活动。

（二）分析框架：政策自主性与专业自主性的互构

弗莱德森区分了两种类型的职业自主性：一种是经济或政治上的自主，另一种是技术或科学上的自主（Freidson，1970：43）。他认为，技术自主性是职业自主性的核心，职业权力来源于职业知识，国家只是职业获取资源支持的一种"工具"。显然，我们能够看到弗莱德森关于职业自主性的论述蕴含着一种国家与职业不平等的二元对立关系，并且是以一种原子化的视角聚焦职业内部，仅靠知识的制度化来获取所谓的职业权力。

职业自主性必然涉及职业与国家（政府）的关系，但是以往的研究更多将国家与职业作为一种"干预－自主"的二元对立形态。然而，国家与职业应该是相互依赖的关系，即职业需要国家的认可与支持，国家也需要依靠职业来保障其治理的能力和治理的合法化，职业形成与国家形成是相互交织在一起的，是一种相互构成的关系（姚泽麟，2015）。因此，从这个意义上来说，政府需要借助第三方评估的专业化实践来推动其治理转型与政治性任务、目标的实现，而第三方评估也需要凭借其专业实践能力逐渐获得政府的合法性承认。笔者结合弗莱德森关于职业自主性的理论分析框架以及中国本土的政治语境、第三方评估的本质特征等，将第三方评估职业自主性划分为两个维度，即政策自主性与专业自主性。这里暂且不考虑"经济自主性"这一维度，因为在政府购买服务的框架内，购买第三方评估的费用支出包含在整个政府购买服务的资金总量之中，具体资金的多少要依据第三方评估所承担的任务量以及其与政府的商议决定，并最终以合同文本的形式提升法律效力。同时，H 区妇联与上海 X 评估中心在购买评估服务的资金上沟通较为畅通。H 区妇联也并未对购买评估服务的资金进行干预，更多的是以一种平等协商的方式与上海 X 评估中心进行商定。因此，在本案例中经济自主性并非制约职业自主性获得的重要因素。

政策自主性指的是近年来中央和地方出台的有关"政府购买服务"以及"第三方评估"的政策，即政府试图通过立法来推动第三方评估的政策合法性及社会合法性，因此也就塑造了第三方评估政策自主性的空间。但本文所指政策自主性并不是单向倡导国家（政府）应该给予第三方评估独立性与自主性，而是要论述第三方评估与政府等条线部门之间的关系。具体而言，本文中的政策自主性指的是第三方评估何以凭借其专业实践并能够在多大程度上促使政府对其合法化的认可，以及第三方评估在政府购买服务的具体实践中是否具有一定的结构性位置与话语权。也就是说，本文从结构、关系的维度来讨论第三方评估的职业自主性。

笔者认为，第三方评估的专业自主性同样具有两重意涵。其一，任何一个职业都离不开个体运用专业技艺所进行的技术实践，这是保证职业活动有效以及顺利进行的前提（肖凤翔、付小倩，2018）。专业自主性的第一重意涵侧重于第三方评估的技术能力。但如果本文将第三方评估的专业自主性等同于其所具备的技术能力，那么其实质上与弗莱德森所强调的技术自主性并无较大差别。因此，笔者站在第三方评估本质、内核的角度提出专业自主性的第二重意涵，即第三方评估通过其专业技术实践最终能否恪守其作为"第三方"所应践行的客观、公正等社会化导向。由此不难看出，本文所研究的第三方评估的职业自主性，是将其放置在"结构－行动"的分析范式下开展的，突破了以往"制度－结构"的研究路径（见图1）。

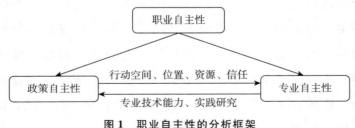

图1　职业自主性的分析框架

笔者认为，第三方评估职业自主性的两个维度其实是一种互构的关系，单方面从职业内部或职业外部的视角并不能获取第三方评估的职业自主性，相反会使其呈现"边缘性行政化"的职业特征（李棉管、岳鹏燕，2020）。同时，笔者进一步将独立性与自主性两个概念加以澄清。独立性侧重于从"结构"的角度来谈，自主性侧重于从"行动者"的角度去阐释。有学者指出，社会组织的独立性与自主性呈现一种负向相关关系（费迪、王诗宗，2014），即社会组织通过牺牲独立性或自主性来进行相互的获取，但这背后蕴含的是"结构"与"行动"的割裂。本文所使用的自主性概念蕴含了"结构"与"行动"的整合，最终呈现的是自主性与独立性的增强。

三 政策自主性的先赋：第三方评估结构性位置获取的先期探索

长期以来，在强国家与弱社会的现实处境下，国家行政力量对社会领域进行着渗透、约束与整合，造就了"总体性社会"之特征（孙立平等，1994）。因此，妇联长期处于科层制的行政体制之中，难免会受到行政力量的干扰与约束。于是 H 区妇联通过购买社会服务的方式延伸工作手臂，回应政府部门的行政性任务，强化自身的社会化属性。但在现有的"准科层制"的行动框架之下，妇联对专业分工要求较高的购买社会服务这一实践操作不熟悉，需要引进第三方评估机构来帮助其建立购买社会服务的运作平台以及对整个过程的评估监管体系。

需要进一步指出的是，H 区妇联早在 2014 年就已经开始尝试购买社会服务以及引进第三方评估进行监管。2015 年，中央群团改革提出后，H 区妇联制订了改革实施方案，通过项目化实践构建社会化的群团服务机制，因此对第三方评估的要求更加严格。事实上，本文中的上海 X 评估中心并非从 2014 年开始就与 H 区妇联进行合作。2014 年至 2016 年底，H 区妇联与 C 评估中心以及 F 评估机构进行合作。但由于 C 评估中心人员更替频繁以及 F 评估机构专业性不足，无法适应 H 区妇联对购买社会服务的理念变化，H 区妇联经由其他组织介绍，带着其对第三方评估的"期待"与上海 X 评估中心进行合作并赋予其一定的政策自主性。这时上海 X 评估中心就需要凭借自身的专业实践能力真正获取其在妇联购买社会服务中的政策自主性。

（一）方案设计：系统化、规范化的标准流程

上海 X 评估中心进入 H 区妇联购买社会服务的场域后，在评估中心团队的协作之下，针对 H 区妇联设计了一套完整的评估方案，具体包括前置评估、阶段性评审会（立项评审会、中期评审会以及末期评审会）、不定期监测与评估以及总体性培训等，为其后期与妇联的深度合作打下了坚实的基础。正如时任上海 X 评估中心项目主管的 GL 所说：

> 前期介入，我们首先拿出来的是一套中规中矩的评估方案。我们把前置评估、立项评审、中期评审、末期评审、项目监测、总体性培训等这些资源都配齐，因为我们要先在妇联那里"站住脚"，让妇联觉得这套方案还不错，还挺全面的，而且有专业的成分在里面，让她们不会一下子把你排斥出去，那么她们会觉得有看头，愿意让我们来做做看。只要人家愿意让你试试，那到底行不行，就要看自己的能力了。（20200812 项目主管 GL）

在全过程评估方案的体系设计中，上海 X 评估中心敏锐地察觉到以往的第三方评估实践更多侧重事后评估这一实践过程，因此，团队核心成员提出"前置评估"这一概念，即在政策决策和项目立项伊始，第三方评估机构就参与介入，协助政府、社会组织对政府购买服务的执行方案、项目申请等进行系统化、专业化的考量与评价，使评估由原先注重事后评估转向前置评估与事后评估并重（赵环、严骏夫、徐选国，2014）。这一实践机制也为后续项目的落地奠定了基础。在 H 区妇联购买社会服务的评估中，上海 X 评估中心通过前置评估的实践方式筛选

优质项目，精准锁定项目覆盖人群的需求，确认项目目标的层层设定与服务内容的匹配程度以及资金分配是否合理等。在此基础上，上海 X 评估中心随着项目时段的开展，相应地设置了三个阶段（立项评审、中期评审以及末期评审）的评审会以及不定时监测与评估，为社会组织提供项目指导，提炼成效。对此，时任 H 区妇联主席认为：

> 我们对你们机构是很看好的。你们这一套流程至少让我们觉得是面面俱到的，而且你们并不仅仅只站在我们妇联或者你们中心的角度来做这件事情，而是有一个整体性思考在里面，或者说有一个专业性思考在里面的。（20190419LF 主席）

因此，上海 X 评估中心这一系统化、规范化的评估方案设计得到了 H 区妇联的认可以及不同社会团体的称赞。这也就意味着，上海 X 评估中心在 H 区妇联购买社会服务的结构体系中能够先"站住脚"，为其今后的专业实践施展打下了坚实的基础。

（二）专业培训：项目管理和运行缺陷的分析

在评估方案执行的过程中，上海 X 评估中心发现，无论是 H 区妇联还是申报单位中的社会团体等，对项目以及项目管理都缺乏一个整体性的认识，所以上海 X 评估中心认为应当引入"专业培训"这一环节。专业培训可以帮助 H 区妇联更好地认识项目以及项目实践，而社会团体可以通过专业培训将第三方评估的理念与方法以及如何进行项目管理与开展社会服务、如何进行项目的成效反思与案例提炼、如何规范使用项目资金等，融入社会团体的日常实践中，以帮助其更好地成长。上海 X 评估中心主任 XXG 讲道：

> 我们当时考虑把专业培训加入进来的原因在于，我们发现妇联、社会组织对一些专业知识的掌握还存在一定欠缺。比如，我们

要给妇联培训项目制，因为不同项目制的导向会形塑出不同的实践样貌；我们给社会团体做培训也是要让这些申报项目的组织单位知道，第三方评估并不是为了"监管"而"监管"，我们有陪伴式成长、赋能的理念在里面。（20200903 中心主任 XXG）

H 区妇联早期向社会力量购买服务更多是将行政性工作通过项目的方式进行转化，因而购买社会服务加剧了政社边界的模糊性。而在中央提出群团改革之后，2016 年 H 区妇联在其改革方案中明确提出"构建社会化的群团服务机制"。这正是上海 X 评估中心对 H 区妇联购买社会服务项目机制导向加以转化的最佳契机。在对社会团体的培训方面，上海 X 评估中心基于对 2014～2016 年社会团体整体水平的了解，设计了不同阶段的培训内容。例如，在起初阶段，上海 X 评估中心链接相关专家资源为社会团体讲授项目申报书撰写、项目管理、资金管理与规范以及第三方评估的作用等。随着项目逐渐成熟，上海 X 评估中心后续设计了项目成效提炼以及案例提炼等专业性培训，促进社会团体的进一步成长。同时，经过 2017 年评估工作的开展，上海 X 评估中心逐渐发现 H 区妇联在购买社会服务中存在一定的运行缺陷，并给予了一些专业建议。时任 H 区妇联主席的 LF 谈道：

经过这一年与你们的合作，我感到无论是我们妇联还是我们的项目承接方都成长了很多。一方面，你们通过专业化培训让我们看到了你们的专业性；另一方面，你们能够总结出几年来我们在购买社会服务过程中存在的缺陷，并且提出了非常中肯以及非常值得进一步改善实施的专业性建议，让我们觉得很受用。（20190419LF 主席）

由此可见，上海 X 评估中心通过专业化的理念与行动，逐步获得了 H 区妇联对其专业实践能力的肯定。上海 X 评估中心系统化、规范化评估方案的设计、项目管理和运行缺陷的分析以及专业建议的提出等，实质是将购买方、项目承接方以及第三方共同纳入一个整体性联动的治理情境之中，这进一步拓展了 H 区妇联赋予上海 X 评估中心政策自主性的空间。

（三）实践反思：场域的觉察与行动者主体的自觉

在此需要进一步说明的是，上海 X 评估中心并非到此就可以完全在 H 区妇联购买社会服务的结构体系中"站住脚"，相反，在从中央部署到地方治理这一进程中，由于其他行政部门创新，地方治理情境中就会产生"横向竞争"（徐勇，2018）、"结对竞赛"（黄晓春，2019）等不同基层社会治理的实践表征与应对机制。因此，在治理创新驱动的时代背景下，上海 X 评估中心之前的专业化实践逐渐式微。这也就意味着，上海 X 评估中心的政策自主性开始呈现不稳定的特征。这也促使上海 X 评估中心进一步反思已有实践，并在已有实践基础之上进行创新。在一次合作的讨论会中，时任 H 区妇联主席的 LF 讲道：

> 你们第三方评估的参与使购买社会服务越发朝着规范化、社会化的方向发展，和我们提出的构建社会化群团改革机制的方向是吻合的，所以我们接下来也想听听你们后续的想法与规划，如何进一步创新我们的购买社会服务机制，做深做实，做出特色，做出水平。（20181026 主席 LF）

从上述 H 区妇联主席的话中能够看出，其实妇联对上海 X 评估中心是有进一步的期望与要求的，言外之意是询问上海 X 评估中心能否有更进一步的专业实践创新。在上述情势之下，上海 X 评估中心也在逐渐反思自身的专业实践。通过反思，上海 X 评估中心可以在 H 区妇联购买社会服务的场域中察觉到妇联的需求变化以及其与妇联之间的关系，同时能够找寻并明确自身的行动意义与进一步的发展方向。正如时任上海 X 评估中心项目主管的 GL 所言：

> 在 2017 年底妇联和我们的讨论会结束之后不久，我们团队就召开了一次会议，一是认真总结过去一年以来的工作成效与不足，二是基于妇联的需求以及购买社会服务中确确实实存在的问题，我们接下来应如何进一步跟进与突破。其实作为第三方评估机构，我们也要不断提升自身专业能力，在与妇联和服务承接方等主体的互动过程中，我们察觉到妇联对我们其实是有更高的要求与期待的。也就是说，我们不能依赖别人给予的"位置"。这个"位置"在一开始的时候就是不牢靠的。我们还要想的是，我们可以做出哪些改变从而更加坐稳这个"位置"。（20200812 项目主管 GL）

从上述发言可以看出，上海 X 评估中心能够及时意识到 H 区妇联对其是有更高层次要求与期待的，而这种要求与期待一方面来自前文所说的妇联与同级相关部门的竞争压力，另一方面来自对购买社会服务深层次实践创新的需要。笔者认为，反思性实践的主体不仅仅是对于行动者而言的，对于一个职业来说也是一种职业化发展内部导向的重要驱动力。换言之，"反思性专业性"是第三方评估工作者具备的一种核心职业能力（张威，2017）。由此可见，在 H 区妇联的更高期待以及上海 X 评估中心所进行的反思性实践之下，H 区妇联为上海 X 评估中心进一步打开了专业实践空间，即第三方评估的专业自主性能够得以进一步施展。

四 专业自主性的施展：第三方评估专业实践的深度参与

基于 H 区妇联治理导向的转化以及引进第三方评估机构的情境起点等，H 区妇联首先赋予上海 X 评估中心一定的政策自主性，并将其纳入购买社会服务的治理体系之中，但是上海 X 评估中心仅凭上述行动策略无法在整个治理体系中成为一个治理主体。因此，笔者将上文的

"政策自主性的先赋"称为"不稳定的政策自主性赋予"。换言之，H区妇联希望上海 X 评估中心能够有更为深入的实践创新，以帮助其更加深入地推进购买社会服务的实践机制创新。因此，H 区妇联在对其有更高期待的同时，也为其专业实践的施展提供了更为广阔的行动空间。于是上海 X 评估中心在原有行动的基础之上，通过对整个治理情境的整体把握采取了更深层次的行动策略，从而逐渐成为 H 区妇联购买社会服务结构体系中的治理主体，获得了真正意义上的政策自主性。

（一）成效提炼与资源匹配：差别化、多层次的分类指导机制

在与 H 区妇联进行一年的合作之后（2017 年），上海 X 评估中心发现，社会服务承接方在服务的深度、服务的专业性以及服务成效提炼的意识和方法上还存在一定的欠缺，而妇联也希望看到投入大量资金带来的服务产出与服务成效。因此，上海 X 评估中心在 2018 年重点增强了各个项目的服务深度、服务专业性以及服务成效的提炼。同时，从 2018 年度 H 区妇联购买社会服务实践的情况来看，在其所购买的 14 个服务项目中，既存在运作 3～5 年的老项目，这类项目无论是运作规范性还是服务实际成效均比较突出，也存在刚实施满 1 年的新项目甚至新晋项目，这类项目较多地徘徊于加强规范运作与实施管理的初级阶段。从长远来看，这种项目发展层次的参差不齐，既不利于整个购买服务模式进一步朝着规范、专业的方向发展，也容易造成服务层次的分化，不利于有效满足妇女群众的需求，无形之中增加了项目指导与组织培育的难度。

基于此，上海 X 评估中心在 2019 年度 H 区妇联公益服务项目的全过程评估与咨询服务中引入了差别化、多层次的分类评估指导机制。具体而言，按照项目的实施年限（0、1～2 年、3 年及以上）与组织能力，将项目分为 3 类，即新晋型项目、发展型项目、成熟型项目，并根据不同类别项目的发展需求、运作能力、提升空间来开展差别化、多层次的评估指导工作，辅以不同侧重点的专题培训或实地指导。时任上海 X 评估中心项目主管的 GL 讲道：

通过差别化、多层次的分类评估指导机制，我们和妇联可以清晰地看到不同的项目承接方在他们各自的成长过程中需要解决的问题。以前我们是"一刀切"战略，现在我们是"分类化与个别化"的打法，针对不同类型、不同程度的项目承接方采取个性化的指导，配置相应的资源。（20200812 项目主管 GL）

差别化、多层次的分类评估指导机制尽管提供的是个性化的陪伴与指导，但是其最终的关注点或立足点都是 H 区妇联购买社会服务实践效能的整体提升。

（二） 激励与竞争：绿色通道制与末尾淘汰制的实践运行

在 2018 年度的评估实践中，上海 X 评估中心还发现，虽然各类服务项目能够在一定程度上聚焦现实问题与服务需求，但是项目特色、服务特色的创新之处相对较弱，因此，项目的可持续发展也成为诸多服务承接方面对的难题。基于此，上海 X 评估中心提出在立项评审阶段优化项目的筛选机制，在适度保留必要性、成熟性项目的同时，增加优秀的新项目、新组织的引入，激发项目内在活力，强化组织之间的竞争，发挥 H 区妇联购买社会服务政策的"鲇鱼效应"，促进新老组织及项目的创新发展。

正是在此基础上，上海 X 评估中心提出了绿色通道制与末尾淘汰制两种评估实践的创新机制。具体而言，绿色通道制指的是依据每一年度的总体排名，排在第一名与第二名的项目承接方可以直接进入下一年度 H 区妇联购买社会服务的实践中，而排在最后两名的项目承接方则很可能不会出现在第二年 H 区妇联购买社会服务的目录之中。这一机制对项目承接方确实起到了一定的激励作用，为项目的筛选机制提供了有力的补充，也为 H 区妇联和社会组织之间的沟通架起了桥梁。时任上海 X 评估中心项目主管的 GL 谈道：

我们把每一年度的综合排名弄好之后，第一、第二名两家社会组织的申请就直接通过。有些项目确实做得不够好，妇联就会问我们，这些排在后面的项目具体差在哪里？然后她们的科长就会和排在后面几名的项目承接方负责人进行沟通。（20200812 项目主管 GL）

行文至此，我们可以清楚地看到，上海 X 评估中心不断基于 H 区妇联购买社会服务过程中存在的问题与缺陷，相应地提出服务深度延展与成效提炼差别化、多层次的分类评估指导机制以及绿色通道制与末尾淘汰制等持续性的创新实践，并能够得到 H 区妇联的信任与支持进行深入开展。换言之，H 区妇联能够将上海 X 评估中心给予的评估建议以及评估结果进行实践的操作化与转化利用，并将其有效地运用于整个购买社会服务方案的持续改善当中，这本身就体现出上海 X 评估中心的专业性，彰显了一种基于专业认同的关系性信任逻辑。

（三）在实践中提升：评估与研究的双重场域建构

随着群团改革的逐步深入，H 区妇联改革的进程再次按下了"暂停键"。或言之，在其取得阶段性成果之后，H 区妇联再次陷入群团改革的瓶颈期，即 H 区或上海市其他区的群团组织纷纷进行购买社会服务的尝试，因此原本 H 区妇联率先购买社会服务的优势渐渐消失，需要进一步的迭代升级。而 H 区妇联总结过去几年购买社会服务的经验之时，又觉得不知从何谈起，觉得自身"心有余而力不足"。从这个意义上来说，梳理 H 区妇联购买社会服务的创新经验、实践限度以及未来发展规划尤为必要。时任上海 X 评估中心项目主管的 GL 讲道：

妇联此次所遇到的困境，其实对我们来说也是一次挑战，因为有些问题不是购买服务的实践问题，而是体制机制问题，这就需要上升到"研究"这个层次来进行回应。其实对于妇联的困境，我们是很有信心解决的，因为我们机构就是评估与研究中心，所以研究

也是我们机构的特色与长处。(20200812 项目主管 GL)

上文也讲道，上海 X 评估中心凭借自身的专业实践能力，在不断拓展 H 区妇联赋予它的"政策自主性"空间的同时不断提高自身的"专业自主性"，加之 H 区妇联面临群团改革的实践瓶颈，因此在获取妇联充分信任的基础上，上海 X 评估中心的项目主管 GL 曾以实习生的身份嵌入 H 区妇联的行政体制中进行为期近一年的观察，这为上海 X 评估中心开展学术研究提供了极为便利的条件。实际上，上海 X 评估中心从进场就开始把 H 区妇联购买社会服务的评估实践视为兼具评估与实践的双重场域，超越当前评估实务与评估研究不能兼顾的困境（刘江、张闻达，2020）。

基于此，上海 X 评估中心经过对 H 区妇联改革困境进行专业分析之后认为，H 区妇联从 2014 年就开始购买社会服务，有必要针对购买社会服务的模式进行总结与提炼，同时这也是对既有的创新经验、优势与不足以及未来发展规划等的系统性盘整。H 区妇联颇为认可这一提议，为做成此事全过程给予大力支持，确保该项研究的顺利推进。时任上海 X 评估中心项目主管的 GL 回忆说：

当时我们给她们做好这个课题之后，她们感到特别震惊，尤其是当时的一个副主席，毫不夸张地说，她就是一个字一个字看的，看过之后说写得太好了，很系统，也指出了问题所在与发展方向。之后她们把这份课题报告发送到每个领导的邮箱，包括科室领导，要求其都要去认真学习与反思。(20200812 项目主管 GL)

课题报告指出，H 区妇联越发走上一条以群众需求为导向、以专业规范为抓手、以督导评估为载体、以品牌建设为重点的发展之路，并日趋构建起一套科学合理、专业规范的项目化运作机制，形成一种"迈向社会本位"的购买服务实践逻辑（高丽、徐选国、徐永祥，2019）。

综上，上海 X 评估中心借助妇联赋予的政策自主性进一步展现自身的专业实践能力，基于不同的问题与情境不断推动 H 区妇联购买社会服务实践机制走向创新与深化。同时，基于 H 区妇联群团改革的困境与瓶颈，上海 X 评估中心运用研究的方式逐渐嵌入妇联体制之中，进而成为治理主体，促使妇联对其专业性更为认同，使上海 X 评估中心在整个治理结构中从一个"外人"向"自己人"转变（杨宜音，1999），体现了第三方评估工作者作为一种职业的专业自觉以及第三方评估的本质意涵。

五 共生性自主：第三方评估职业自主性的生成机制

上海 X 评估中心职业自主性的获得是在 H 区妇联购买社会服务的场域中其政策自主性与专业自主性互构的结果。笔者认为，这种互构最终体现的是一种"共生性自主"，即职业自主性的生成并非片面强调自身专业能力的独立性自主，也并非为了谋求生存、获取资源的依附式自主（王诗宗、宋程成，2013），而是在整个购买社会服务的生态场域中第三方秉持评估的本质导向并与 H 区妇联的目标不断发生耦合的一种本土化实践的理论范式，具体而言，包括政策推动、空间塑造与专业自觉（见图 2）。

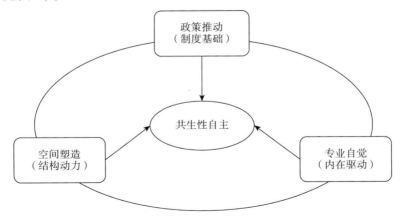

图 2　共生性自主：第三方评估职业自主性生成机制的结构框架

（一）政策推动：政策制定为职业自主性生成奠定制度基础

第三方评估职业自主性生成与获取的基本前提是具备政治合法性的制度基础。因此，从第三方评估政策推动的角度来看，民政部在 2007 年出台的《关于推进民间组织评估工作的指导意见》可以被视为国内最早出台的关于评估的政策，这意味着第三方评估首次在政策文本中被提及，并被引入公共领域参与绩效评价。之后，国务院办公厅在 2013 年印发了《关于政府向社会力量购买服务的指导意见》。该意见指出，要把当年第三方评估的结果作为后一年预算编制和选择承接项目主体的重要参考依据。紧接着，时任国务院总理李克强在 2014 年提出要运用第三方评估促进政府管理方式的改革创新，即引入第三方评估机构对具体的政策开展调研与评估，以推动政策的及时调整与落实。同时，在这一年出台的《政府购买服务管理办法（暂行）》提出应当推动建立由购买主体、服务对象及专业机构组成的综合性评价机制，并将评价结果作为选择承接主体的重要参考依据。2015 年，民政部印发《关于探索建立社会组织第三方评估机制的指导意见》，指出"引导激励，以评促建"是第三方评估的首要原则，也明确提出建立社会组织第三方评估机制，并将评估结果与社会组织信用体系建设挂钩。2020 年，财政部发布《政府购买服务管理办法》。该办法提出，一方面要进一步明确购买主体与承接主体，另一方面要探索运用第三方评价评估以及加强评估结果的运用，更加明确第三方评估的主体作用以及评估结果的转化利用。

由此可见，第三方评估逐渐被纳入党和政府的视野领域中，成为推动政府治理改革、衡量政府购买服务绩效、检视社会治理创新成效的重要力量，并且越发被视为一种治理主体参与国家治理的议程。在此基础上，第三方评估具备在政策上的合法性，并由此拓展了政策自主性的空间。更进一步来说，在具有政策自主性的条件下，第三方评估的专业实践具备一定的行动合法性基础。因此，第三方评估可以借此通过其专业实践来获得社会大众的认可，以推进自身社会合法性的获取。笔者认为，政府的政策推动与执行是第三方评估职业自主性生成的制度基础与宏观环境。

（二）空间塑造：妇联购买社会服务体系中的结构动力

回到政府购买服务的具体实践中，第三方评估在整个实践过程中受到结构性限制，即在政府科层体制之下，第三方评估在整个购买社会服务的结构体系中充当的是政府治理的技术工具与行政助手，这势必抑制第三方评估的"第三方"属性。而第三方评估为了获得生存的空间，获取相应的资源，不得不依附于政府的行政权力，于是政府通过资源供给与收缩的方式对第三方评估进行控制，即表现为"资源依赖－行政控制－权力依附"的闭环体系（王惠林、杨华，2018），使第三方评估越来越偏离客观、公正等社会属性与社会价值。因此，第三方评估难以起到以评促建、调适政社双方关系、赋能社会组织及其项目开展等作用，也难以达到推动基层社会治理创新与升级的目的，这无益于第三方评估自身的职业化与专业化发展。

然而，本案例情况与现实中的实践样态不同，即上海 X 评估中心在 H 区妇联购买社会服务的整个体系结构中占有一定的合法性位置，拥有一定的话语权，并且能够如其所是地发挥其社会化作用，而并未沦为技术治理的工具，第三方评估的主体性与自主性也在其专业实践过程中日益凸显。可以说，上海 X 评估中心在 H 区妇联购买社会服务的治理结构中具有自主性的行动空间。而笔者认为，这一行动空间的塑造来源于两个方面。其一，妇联等群团组织本身不同于政府行政单位，尤其是妇联与妇女儿童等相关群体具有天然的联结。群团改革提出之后，妇联组织的行政属性开始弱化，而面向群众的社会属性开始强化。因此，妇联的组织角色与属性发生了相应的转换与变迁。与此同时，H 区妇联提出"构建社会化的群团服务机制"，更加凸显 H 区妇联购买社会服务正朝着社会化、群众化的方向发展。其二，妇联对购买社会服务这套专业技术分工不熟悉，并且面临着基层社会治理创新的需求以及在群团改革实践过程中遭遇的困境等，这就需要通过第三方评估的专业实践进行突破。对此，H 区妇联通过政策自主性先赋的方式，不断为上海 X 评估中心开拓政策自主性的结构空间，并为其专业自主性的施展营造更为宽松的组织环境。笔者认为，妇联为第三方评估塑造的行动空间是其职业自主性生成的结构动力与中观环境。

（三）专业自觉：第三方评估工作者主体的内在驱动

上海 X 评估中心能够在 H 区妇联购买社会服务的实践过程中具有一定的结构性位置，拥有一定的话语权，除了宏观层面的政策推动与中观层面妇联给予的结构动力之外，还来源于其自身的专业自觉。笔者认为，这种专业自觉是第三方评估职业自主性生成的内在驱动与微观环境。

第一，上海 X 评估中心能够站在"第三方"的角度，践行"第三方"客观、公正、专业、有效的初衷，并没有沦为政府治理的技术工具，而是以制度化位置、专业化权力、技术化方式等引导社会组织发展。这是上海 X 评估中心作为"第三方"本质上的一种专业自觉。

第二，从本文的案例实践过程中我们可以清楚地看到，H 区妇联对上海 X 评估中心的进入首先赋予了一定的政策自主性，但是在上海 X 评估中心进行相应的实践后，H 区妇联基于各地（区）基层社会治理创新的事实，很快就提出了新的需求，并在某种程度上对上海 X 评估中心提出了质疑。不仅如此，随着群团改革的深入推进，H 区妇联在其改革进程中遭遇了困境，因此期望借助上海 X 评估中心的专业力量进行突破。上海 X 评估中心在遇到上述情况之时，通过行动者实践反思的方式及时调整自身的行动策略，进而回应 H 区妇联的需求，帮助其摆脱改革实践的困境，从而更好地推动 H 区妇联购买社会服务。这是上海 X 评估中心在具体实践过程中通过行动者主体实践反思的专业自觉。

通过阅读文献发现，以往对自主性的研究更多是在政社二元对立或依附式自主的范式之下，要么侧重于政府对社会组织的行政管控与收编，要么侧重于通过社会组织的行动策略来获得相对自主的行动空间。前者基本没有社会组织的自主性，更多被视为一种政府的"派生型组织"而存在（史普原、李晨行，2018），而后者所获得的自主性具有以下两个特征。其一，站在组织自利性的角度，体现一种自利性自主逻辑，具体表现为：第三方评估通过参与评估的机会向上级政府进行自我表现、自我展示、自我宣传，以获得政府的信任，接受政府委托项目的同时也在一定程度上缓解了第三方评估机构的资金压力（郑佳斯、卜熙，2020）。其二，基于资源依赖理论将政府以及第三方评估的互动与合作视为资源与资源之间的相互依赖，从而形成互惠性自主（李贺楼、王郅强，2017）。但即使在互惠性自主中，也存在主客体之间的强弱依赖关系，同时，由于资源的有限性、流动性、匹配性等，互惠式合作下的自主性很容易被摧毁。这里的共生性不同于理性选择理论视角下利益相关者之间的利益关联所产生的共生性关系（詹国辉、张新文，2017）。

然而，本文所提出的"共生性自主"与此不同。首先，它并不是第三方评估自身的独立考量，而是能够考虑购买方的意愿，在逐渐开拓其实践空间即获得初始性位置的同时不断引入专业技术性要素，从而与购买方的意愿与目标不断进行耦合，进而改变妇联购买社会服务参与基层社会治理的整个生态。其次，它是基于第三方评估机构的本质属性以及妇联作为群团组织的群众性等共同构成的社会化导向。因此，共生性自主具有双方主体共同遵循的价值旨归。从这个意义上来说，它跳出了以往政社二元对立的依附式自主范式、自利性逻辑下的自主性范式以及资源依赖下互惠性逻辑的自主性范式。

六　结语

上海 X 评估中心在 H 区妇联购买社会服务的体系中具有一定的结构性位置与话语权，并成为社会治理创新（杨威威、吉帅帅、严骏夫，2021）以及调适政社关系的主体（吴佳峻、高丽、徐选国，2021），其职业自主性的生成是政策自主性与专业自主性互构的结果。将上海 X 评估中心放置于妇联购买社会服务的整个过程中，我们可以看到，妇社关系是一种基于共容利益导向所采取的有共识性的集体行动。需要进一步指出的是，这种共容利益是由第三方评估的本质、专业实践的社会化导向以及群团改革下妇联的群众化导向共同塑造的。

本文所提出的共生性自主解释了第三方评估作为一个职业主体得以有效参与 H 区妇联购买社会服务实践的整个过程。区别于以往政社二元对立的依附式自主范式、自利性逻辑下的自主性范式以及资源依赖下互惠性逻辑的自主性范式，其是第三方评估秉持本质导向与 H 区妇联的目标不断发生耦合的一种本土化实践的理论范式。但是，共生性自主也有其固有的解释限度。例如，H 区妇联与上海 X 评估中心所形成的共生性自主的职业自主性范式何以进一步加深、固定，形成常态化的运转机制。同时，本文从一个正面案例的角度论述与证明第三方评估职业自主性的获取与生成，妇联等群团组织与一般意义上的政府部门在属性上也有一些不同，若将妇联换成政府部门，是否还会产出第三方评估的职业自主性？上述问题需要在后续的具体实践以及研究中加以印证并进一步阐释。

【参考文献】

阿伯特，安德鲁，2016，《职业系统：论专业技能的劳动分工》，李荣山译，商务印书馆。

费迪、王诗宗，2014，《中国社会组织独立性与自主性的关系探究：基于浙江的经验》，《中共浙江省委党校学报》第 1 期，第 18～26 页。

高丽、徐选国，2019，《政府购买社会服务第三方评估的合法性困境及其重构》，《社会建设》第 6 期，第 43～52 页。

高丽、徐选国、徐永祥，2019，《迈向社会本位：群团改革语境下地方妇联的实践机制探索——以 S 市 A 区妇联为例》，《妇女研究论丛》第 1 期，第 55～

68 页。

黄晓春，2019，《"结对竞赛"：城市基层治理创新的一种新机制》，《社会》第
　　5 期，第 1～38 页。

黄晓春、嵇欣，2014，《非协同性治理与策略性应对——社会组织自主性研究的
　　一个理论框架》，《社会学研究》第 6 期，第 98～123、244 页。

李贺楼、王郅强，2017，《互惠性、自主性与基层自治组织的整合型运作——基
　　于对 D 镇渔委会的实证分析》，《华南师范大学学报》（社会科学版）第 6
　　期，第 23～39 页。

李棉管、岳鹏燕，2020，《专业认同的悖论：社会工作专业实习的意外后果——
　　职业社会学的解释视角》，《社会工作与管理》第 2 期，第 49～57 页。

刘江、张闻达，2020，《社会工作评估研究的四种进路——基于我国中文研究文
　　献的系统评价》第 4 期，第 50～63、100 页。

史普原、李晨行，2018，《派生型组织：对中国国家与社会关系形态的组织分
　　析》，《社会学研究》第 4 期，第 56～83、243 页。

孙立平、王汉生、王思斌、林彬、杨善华，1994，《改革以来中国社会结构的变
　　迁》，《中国社会科学》第 2 期，第 47～62 页。

王惠林、杨华，2018，《村干部职业化的生成机制及路径创新》，《西北农林科
　　技大学学报》（社会科学版）第 4 期，第 54～62 页。

王名，2019，《评估改变社会：谈谈我对社会组织评估的几点认识》，《中国社
　　会组织》第 1 期，第 54～55 页。

王诗宗、宋程成，2013，《独立抑或自主：中国社会组织特征问题重思》，《中
　　国社会科学》第 5 期，第 50～66 页。

吴佳惠、王佳鑫、林誉，2015，《论作为政府治理工具的第三方评估》，《中共
　　福建省委党校学报》第 6 期，第 17～22 页。

吴佳峻、高丽、徐选国，2021，《第三方评估何以促进政社关系转型？——基于
　　对上海市 H 区妇联购买社会服务项目的经验研究》，《社会工作与管理》
　　第 6 期，第 14～24 页。

吴磊，2019，《社会工作参与社会治理的绩效评估研究——基于合法性理论的分
　　析框架》，《社会科学辑刊》第 6 期，第 50～55 页。

肖凤翔、付小倩，2018，《职业能力标准演进的技术实践逻辑》，《西南大学学报》（社会科学版）第 6 期，第 45～50 页。

徐家良、许源，2015，《合法性理论下政府购买社会组织服务的绩效评估研究》，《经济社会体制比较》第 6 期，第 187～195 页。

徐勇，2018，《用中国事实定义中国政治——基于"横向竞争与纵向整合"的分析框架》，《河南社会科学》第 3 期，第 21～27 页。

杨威威、吉帅帅、严骏夫，2021，《社会服务评估的实证主义危机及其范式转换——基于 X 项目的评估过程的实践研究》，《中国第三部门研究》第 1 期，第 144～165 页。

杨宜音，1999，《"自己人"：信任建构过程的个案研究》，《社会学研究》第 2 期，第 3～5 页。

姚进忠、崔坤杰，2015，《绩效抑或专业：我国社会工作评估困境与对策》，《中州学刊》第 1 期，第 73～78 页。

姚泽麟，2015，《近代以来中国医生职业与国家关系的演变——一种职业社会学的解释》，《社会学研究》第 3 期，第 46～68 页。

尹阿雳、赵环，2018，《审核与增能：社会工作服务机构评估模式的整合升级——基于深圳市社工服务机构评估（2009—2016 年）的经验反思》，《社会工作与管理》第 1 期，第 11～16 页。

詹国辉、张新文，2017，《乡村振兴下传统村落的共生性发展研究——基于江苏 S 县的分析》第 11 期，第 71～84 页。

张威，2017，《社会工作者的"反思性专业性"与核心职业能力——对"反思性社会工作理论的解读与思考"》，《中国农业大学学报》（社会科学版）第 3 期，第 23～34 页。

赵环、严骏夫、徐选国，2014，《政府购买社会服务的逻辑起点与第三方评估机制创新》，《华东理工大学学报》（社会科学版）第 3 期，第 1～6 页。

郑佳斯、卜熙，2020，《失效的第三方：组织自利性下的社会组织评估》，《华南师范大学学报》第 5 期，第 98～112 页。

Becker, H. 1962. *The Nature of a Profession*：*In Education for the Professions*. Chicago, IL：University of Chicago.

Carr-Saunders, A. and Wilson, P. 1933. *The Profession.* New York: Oxford University Press.

Freidson, E. 1970. *Profession of Medicine.* Chicago: University of Chicago Press.

Johnson, H. T. 1972. "Lyman Mills: Early Cost Accounting for Internal Management Control in the 1850s." *Business History Review* 46: 466.

Roth. 1974. "Professionalism: The Sociologist's Decoy." *Sociology of Work and Occupations* 1: 6 – 23.

数字治理背景下社会组织信用监管体系建设路径研究[*]

邹新艳　徐家良[**]

摘　要：信用是社会治理的重要手段。构建以信用为基础的社会组织监管体系能够有效克服机构数量多、活动分散、从业人员流动性大等带来的社会组织监管困境，促进社会组织规范有序发展。本文借鉴数字治理理论，提出以信用监管制度为保障、协同工作网络为依托、智慧信息技术为支撑的"三维一体"社会组织信用监管体系。本文对成都市社会组织信用监管实践展开研究发现，"三维一体"社会组织信用监管体系能够适应新形势下我国政府治理现代化转型的要求，实现对社会组织信用信息数据治理和基于信用信息数据的治理，

---

* 基金项目：国家社科基金重大项目"慈善组织的治理和监督机制研究"（项目编号：20&ZD182）、2022 年度四川省哲学社会科学重点研究基地区域公共管理信息化研究中心一般项目"数字治理背景下社会组织信用监管体系建设路径研究"（项目编号：QGXH22 - 08）、2022 年度成都师范学院博士引进人才专项科研项目"困境儿童心理关爱协同治理机制研究"（项目编号：YJRC2022 - 02）。

** 邹新艳，成都师范学院讲师，四川大学管理学博士，主要从事社会治理、社会组织管理服务等方面的研究，E-mail：932453327@ qq. com；徐家良，上海交通大学国际与公共事务学院教授、中国城市治理研究院研究员、中国公益发展研究院院长，北京大学政治学博士，主要从事国家与社会关系、基层治理与社会组织服务、慈善事业与基金会管理等方面的研究，E-mail：xujial@ sjtu. edu. cn。

进而推动国家治理体系和治理能力现代化，并据此创新提出社会组织信用监管体系建设路径：完善制度安排，深化标准化建设；健全组织架构，强化工作基础；升级管理平台，优化管理服务；促进公众参与，增强工作合力。

关键词： 数字治理；社会组织；信用；监管

一　问题的提出

2019 年，《国务院办公厅关于加快推进社会信用体系建设构建以信用为基础的新型监管机制的指导意见》指出，要进一步发挥信用在创新监管机制、提高监管能力和水平方面的基础性作用。2022 年，《关于推进社会信用体系建设高质量发展促进形成新发展格局的意见》更进一步指出，完善的社会信用体系是供需有效衔接的重要保障；为推进社会信用体系建设高质量发展，促进形成新发展格局，需要以有效的监管和信用服务提升全社会诚信水平。社会组织是我国社会主义现代化建设的重要力量。截至 2020 年底，全国各级民政部门登记的社会团体、基金会和社会服务机构等社会组织已接近 90 万家。加强社会组织信用监管，有利于推进社会组织信用体系建设，进而推动完善我国社会信用体系。以信用为基础的社会组织监管的本质特征是"智慧化"，即建设社会组织信用信息管理平台，以信用数据为基础，将信息技术融入社会组织监管过程，实现社会组织监管制度创新、流程再造、组织文化重塑等。

数字治理理论是由整体性治理理论发展而来的（Dunleavy，2006），强调运用新的信息技术重塑公共部门管理流程。关于数字治理，学界强调其对传统治理的超越：一是信息技术的利用，强调将信息技术应用于政府治理，推动传统治理方式方法、手段以及过程等的数字化、自动化、智能化（徐晓林、刘勇，2006）；二是对数据的治理，在传统治理对象的基础上增加了对越来越庞大的数据的有效管理与组织（杜泽，

2020）；三是基于数据的治理，将数据作为国家治理现代化的核心依据（何哲，2019）。社会组织信用监管"智慧化"的特征与数字治理的取向一致，是数字治理的重要应用领域之一。

在理论层面，数字治理主要包括三个方面内容。一是重新整合，改变政府"分散化"结构，将政府结构中分散的功能和聚集的专长整合到单一功能的机构。二是以需要为基础的整体主义，超越公众参与治理过程的传统范围，把重点放在确立一个真正以公民、服务和需要为取向的组织基础。三是数字化过程，即政府以及私人部门的组织将经历非居间及服务集中化的过程（竺乾威，2008）。数字治理的最终目的是使治理走向"智慧化"。数字治理理论认为，"智慧化"不仅仅是先进信息技术在政府治理过程中的应用，其实现基于一系列与信息系统相连的认知行为、组织、政治和文化等变革的集结。因此，学界将信息技术与政府治理过程的融合作为数字治理研究的重要课题之一。

近年来，我国顺应数字治理趋势，深入推进数字政府建设。在社会组织管理服务方面，各地加快社会组织管理服务数字化建设进程，推进社会组织信用监管"智慧化"。但是，当前社会组织信用监管实践仍存在较多问题，虽然已经运用了互联网、大数据等信息技术，但实质上仍沿用传统监管方式，缺乏对数据的治理。例如，社会组织信用信息数据整体处于收集整理层面，对其进行深度挖掘并应用于风险研判、政府决策等基于数据的治理还不足。如何基于社会组织信用信息数据治理健全社会组织信用监管体系，实现社会组织信用监管"智慧化"，进而促进社会组织加快健康发展步伐、充分发挥服务经济社会发展的积极作用，成为值得关注的重要课题。

综上所述，在推进国家治理体系和治理能力现代化新形势、新要求的背景下，进行社会组织信用监管"智慧化"研究兼具理论和实践层面的意义。数字治理理论为社会组织信用监管体系建设提供了理论参照，但数字治理理论并非直接探讨社会组织信用监管体系的建设问题，现有分析框架过于宏观。因此，我们需要在理论上具体回答以下问题：

数字治理背景下，如何实现信息技术与社会组织信用监管的融合？如何实现从传统社会组织监管到"智慧化"社会组织信用监管的转变？

二　文献综述

我国社会组织信用监管体系建设起步较晚，相关研究总体不多，主要集中在社会组织信用监管制度建设、社会组织信用监管地方实践、传统社会组织信用监管局囿、技术赋能社会组织信用监管等方面。

（一）社会组织信用监管制度建设

社会组织信用监管制度是社会组织走向治理现代化的法律基石（刘俊海，2018）。学界和实践界逐渐认识到建立社会组织信用监管制度的必要性并对其进行了探索。2015 年，《社会组织信用评价指标》以传统信用评价技术为基础，从价值观（守信意愿）、竞争力（守信能力）、社会责任（守信表现）三个维度建立了社会组织信用评价指标。2018 年，民政部发布《社会组织信用信息管理办法》等政策文件。社会组织信用监管领域逐步建立了信息公开、黑名单、失信联合惩戒、联合执法等制度（徐嫣、王博，2017；王义，2020），并且相关制度正在逐步完善的过程中。

（二）社会组织信用监管地方实践

随着社会组织信用监管越来越受到重视，全国各地积极探索社会组织信用监管实践，逐步推进并完成了社会组织统一信用代码的实施。厦门市民政局印发的《厦门市社会组织信用信息管理实施办法》将社会组织分为社会信用良好和社会信用不良两类，以激励先进，鞭策后进（吴文裕、吴二娜，2017）。郑州市印发的《郑州市社会组织评估管理办法》围绕强化社会组织信用体系建设，开展社会组织等级评估，建立社会组织管理人才专家库，成立评估委员会和复核委员会等，确保评估工作制度化和专业化（张建伟，2019）。各地积极探索社会组织信用监管，经历了自律诚信建设、行业自律行动、他律管理等主要阶段（赵晓芳，2020）。社会组织信用监管体系建设逐步推进。

（三）传统社会组织信用监管局面

一是社会组织信用监管领域制度建设仍不完善。社会组织信用监管缺乏充分的法律依据，且各地缺乏统一的监管标准。社会组织信用监管在操作层面的制度安排还需要进一步细化完善。机构失信惩戒、信用信息数据采集、黑名单列入、权利救济途径等缺乏明确的工作标准，容易导致黑名单制度的使用出现"泛化"的倾向。二是管理部门联动不足。社会组织登记管理机关、业务主管单位等有关职能部门缺乏部门联合惩戒条件，对社会组织信用动态信息没有完全实现实时互联互通，容易导致社会组织信用监管"碎片化"，未能发挥出强大的工作合力（关爽、李春生，2021）。三是社会组织对机构信用信息公开不主动、不积极，或者瞒报信息，导致社会组织信用信息存在透明度与公开性不足等困境（姚锐敏，2013）。

（四）技术赋能社会组织信用监管

随着政府"放管服"改革的深入推进，全国各地积极探索将先进信息技术应用到社会组织管理服务领域（周荣华、李鑫，2019）。信息技术改善了传统物理空间的监督惯性，有助于推进线上线下双重空间自主自律秩序的构建（马长山，2019）。因此，技术革新、技术赋能在优化政府监管决策体系、提升技术驱动的国家监管能力、减少监管成本的同时，有助于增强社会组织的诚信与自律（关爽、李春生，2021）。还有学者探索区块链在社会组织信用监管中的应用路径，以破解传统社会组织信用监管模式的困境（方俊、喻帅，2021）。

系统梳理社会组织信用监管的相关文献可以发现，研究主要集中在红黑名单制度建设、联合惩戒制度建设、信息技术应用等实践层面。由此可见，学界较为重视制度建设和信息技术的应用。但是信息技术的应用并不等同于数字治理，其内核仍是传统治理。因为社会组织信用监管尚未实现传统治理与信息技术的融合，未能真正实现数据治理和基于数据的治理，即还未实现从传统治理到数字治理的转变，所以社会组织信用监管仍面临制度建设不完善、部门联动不足、缺乏对社会组织信用信息的数据治理等困境。因此，本文基于我国社会组织信用监管实际，聚焦破解社会组织信用监管困境，开展数字治理背景下社会组织信用监管体系建设路径研究，力图找出传统社会组织信用监管与信息技术融合的路径，实现其从传统治理到数字治理的转变，为进一步推进我国社会组织信用监管提供理论依据。

三 数字治理背景下社会组织信用监管体系构建

数字治理的概念最早由英国学者登力维提出，是治理理论与互联网数字技术结合催生的新的公共管理理论准范式（韩兆柱、马文娟，2016）。数字治理以数字化赋能治理体系和治理能力，以构建新型治理体系为目标，其基本要素是治理原则、治理主体、治理手段、治理过程和治理评价（李韬、冯贺霞，2022）。数字治理理论的核心理念不断发展，从网络社会（卡斯特，2006）到民主与网络、组织制度与信息技术（塔格特，2005；毕竞悦，2009；Fountain，2001），再到以需求为基础的整体主义和数字化变革（Dunleavy，2006），然后到公民参与（Milakovich，2012）。

信用是指人们按照法律法规和各种交易中的合约规定，履行相关责任和义务的行为状况（刘树成，2005）。"三维一体"社会组织信用监管体系是指基于社会组织信用信息数据对其进行监督管理，确保其规范有序发展和有效发挥作用的主体、制度、工具等构成的系统。"三维一体"社会组织信用监管体系的主体包括所有利益相关者，主要有政府相关职能部门、服务对象、捐赠者、公众、行业协会等。利益相关者根据科学合理的监管规则和明晰的监管责任，基于社会组织信用信息平台对社会组织进行协同动态监管。"三维一体"社会组织信用监管体系建设在信用信息数据透明共享的基础上，能够有效破解社会组织与其他利益相关者之间存在的信息不对称问题，将失信者蒙骗合作方的"一对一"的情形改变为"一对多"的博弈格局，将短期中静态的信息不对称转变为长期内动态的信息对称（王翊亮、郭文波，2018），以实现有效的社会组织信用监管。

数字治理理论的重新整合、以需要为基础的整体主义、数字化过程三个方面的主要内容契合社会组织信用监管体系建设的内在要求，为社会组织信用监管体系建设提供了理论框架。具体到社会组织信用监管实践，重新整合是针对监管主体中的政府主体结构的整合，以需要为基础的整体主义也重在确立以监管需要为基础的监管主体结构，因此本文将数字治理理论中的重新整合和以需要为基础的整体主义合并为理论框架的组织结构维。数字化过程包括两个层面：一是应用信息技术实现信用监管集中化，本文将之确定为理论框架的管理工具维；二是实现信用数据治理和基于信用数据的监管所依据的监管制度，本文将之确定为理论框架的监管制度维。综上，本文从监管制度、组织结构和管理工具三个维度构建分析框架，从而全面分析社会组织信用监管中的协作网络、组织制度、信息技术、决策过程、公民参与、信用信息监管等内容，并基于数据治理理论，形成"三维一体"社会组织信用监管体系（见图 1）。

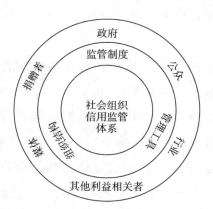

图 1　"三维一体"社会组织信用监管体系

"三维一体"社会组织信用监管体系由监管制度、组织结构和管理工具三个层面的内容组成。具体而言，监管制度作为"三维一体"社会组织信用监管体系运行的保障，主要由数据采集、信息公开、红黑名单、信用评级等制度安排构成，涵盖"成立—发展—退出"的社会组织管理运行全过程，确保社会组织信用数据治理和基于信用数据的监管有据可依。组织结构作为"三维一体"社会组织信用监管体系运行的依托，是由有关政府职能部门、企事业单位、社会公众形成的协作网络，是确保社会组织信用监管活动开展的组织载体。管理工具作为"三维一体"社会组织信用监管体系运行的支撑，主要是基于大数据、互联网、云计算等信息技术搭建的社会组织信用管理服务信息平台，为社会组织信用监管活动提供技术支持。

四 成都市社会组织信用监管案例

近年来，成都市通过建立完善民政部门牵头、社会组织业务主管单位和相关职能部门各负其责的社会组织信用监管制度，同步搭建标准化、模块化的社会组织信用管理服务信息平台，实现社会组织信用监管"事前管标准、事中管检查、事后管处罚、信用管终身"，构建起覆盖社会组织"登记注册—发展运行—注（撤）销"全生命周期的"三维一体"信用监管体系。目前，成都市已实现对全市1.2万家社会组织信用监管全覆盖，初步形成了信息化、智慧化的信用治理新生态（见图2）。成都市在社会组织信用监管方面取得了一些成功经验。因此，本文对成都市社会组织信用监管现状展开调查，通过访谈、文件资料收集、现场考察等多种方式收集资料，多方互证，系统分析成都市社会组织信用监管体系建设的经验和不足，为构建完善科学高效的"三维一体"社会组织信用监管体系提出合理化建议。

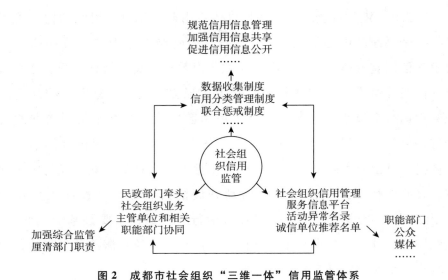

规范信用信息管理
加强信用信息共享
促进信用信息公开
······

数据收集制度
信用分类管理制度
联合惩戒制度
······

社会组织信用监管

民政部门牵头
社会组织业务
主管单位和相关
职能部门协同

加强综合监管
厘清部门职责

社会组织信用管理
服务信息平台
活动异常名录
诚信单位推荐名单

职能部门
公众
媒体
······

图 2　成都市社会组织"三维一体"信用监管体系

（一）监管制度创新：信用数据治理制度，基于数据的监管制度

为进一步适应"互联网＋政务服务"的需要，成都市民政局和市网络理政办研究制定了《成都市社会组织信用信息管理实施办法（试行）》（以下简称《实施办法》）等政策文件，创新了社会组织信用信息数据治理相关制度，进一步完善了基于社会组织信用信息数据的治理制度。

一是创新社会组织信用信息数据治理相关制度。为适应社会组织信用信息数字化、智慧化、精细化管理需要，2020 年 6 月，成都市率先出台了全国首个社会组织信用信息管理地方标准——《成都市社会组织信用信息数据规范》（以下简称《数据规范》），明确了社会组织信用信息数据概念范畴、获取途径、采集标准、数据项和代码组合规则及相应描述方法，为社会组织信用信息存储、加工、查询、交换、共享和应用等方面的工作提供了统一的技术标准，为实现数据的可知可控、可取可联打下了坚实的基础。

本文摘录《数据规范》中"社会组织信用信息数据项分类表"（见表 1）、"失信被执行人法人代表信息表"（见表 2）部分内容。

表 1 社会组织信用信息数据项分类表（部分）

信用行为	司法信息	司法判决信息	司法判决信息表
		司法执行信息	司法执行信息表
		失信被执行人法人代表信息	失信被执行人法人代表信息表
	行政执法信息	行政监督检查信息	社会组织抽查信息表
		行政处罚信息	行政处罚信息表
		行政强制措施信息	行政强制措施信息表
		行政奖励信息	行政奖励信息表
		其他行政执法信息	重大税收违法信息表
			其他行政处理措施信息表
	社会监督信息	批评谴责信息	批评谴责信息表
		表彰奖励信息	表彰奖励信息表
		履约缴费信息	欠费信息表
			拖欠公积金信息表
	信用评价信息		纳税信用等级评价信息表
			社会组织等级评估信息表
	信用惩戒信息		活动异常名录信息表
			严重违法失信信息表
	信用承诺信息		信用承诺信息表

表 2 失信被执行人法人代表信息表（部分）

序号	数据项名称	数据类型	数据格式	值域范围	说明	是否必填
1	机构名称	字符型	C..200		与失信被执行人相关联的社会组织名称	是
2	统一社会信用代码	字符型	C18		社会组织的统一社会信用代码	是
3	被执行人	字符型	C..200		被执行人的名称/姓名	是
4	被执行人类别	字符型	C1	表 A.26	被执行人的类别	是
5	统一社会信用代码	字符型	C18		被执行人的统一社会信用代码	是
6	法定代表人/负责人	字符型	C..40		法定代表人/负责人的姓名	是

续表

序号	数据项名称	数据类型	数据格式	值域范围	说明	是否必填
7	证件类型	字符型	C2	表 A.3	法定代表人/负责人或自然人的身份证件类型代码	是
8	证件号码	字符型	C..40		法定代表人/负责人或自然人的身份证件号码	是
9	性别	字符型	C1	表 A.18	被执行人（自然人）的性别	是

《实施办法》明确了社会组织信用信息数据的获取途径，同时规定了各级职能部门之间交换和共享有关数据的程序要求，增强了社会组织信用数据的流动性、可用性，有效防范了信息不对称带来的信用风险。同时，《数据规范》根据有关政策法规，按照"最小必要"原则，明确社会组织信用信息数据项主要包括基本信息、资质许可、信用行为和相关信息等内容，合理界定社会组织信用信息数据的采集和使用范畴，既为采集社会组织信用监管必需信息数据提供了支持，也有效保护了机构的商业秘密和人员的个人隐私。

二是完善基于社会组织信用信息数据的治理制度，深化社会组织信用动态管理。《实施办法》依据信息内容不同，将社会组织信用信息分为基础信息、年检信息、行政检查信息、行政处罚信息、其他信息五大类，由市、县民政部门分类进行差异化管理，同步出台了社会组织信用信息管理地方标准，配套制定了社会组织综合信用评级、信用红黑名单、失信联合惩戒、综合监管工作协调机制等多项制度，并修订了社会组织等级评估细则，增加了自律与诚信建设、信用信息公开、社会评价等方面指标的权重，对社会组织信用信息分类管理、纳入活动异常名录和严重违法失信名单等方面监管事项实施的基本原则、具体步骤、程序要求进行了明确规定，形成了覆盖社会组织"登记成立—发展运行—注（撤）销退出"全生命周期的"1+1+N"信用信息监管制度体系，提升了全市社会组织信用监管数字化、智慧化、精细化水平。此外，根据《实施办法》，成都市还定期进行社会组织信用综合评估，按照社会组织基础信息、年检信息、行政检查信息、行政处罚信息、其他信息五大类信用信息各占 20% 的比重，综合财务、法律、管理、公益等领域专家的评估意见，得出社会组织信用综合评价结果，对不同信用状况的社会组织分类标识，为持续实施差异化的社会组织信用监管提供了基础依据（见表3）。

表3 社会组织信用分类管理制度

信用状况	分类标识	管理方式
良好	纳入诚信单位推荐名单	优先承接政府授权和委托事项、优先获得政府购买社会组织服务项目、资金资助和政策扶持、优先推荐获得相关表彰和奖励等、获得联合激励等
正常	正常	
（1）未按照规定时限和要求向民政部门报送年度检查工作报告的 （2）未按照有关规定设立党组织的 …… （12）法律、行政法规规定应当列入的其他情形	纳入活动异常名录	重点监测、及时发布预警信息、督促其及时纠正整改违规失信行为、及时依法查处、联合惩戒等
（1）列入活动异常名录满2年的 （2）未按照规定或者提供虚假材料办理设立登记、变更登记、注销登记、章程核准手续的 …… （18）法律、行政法规规定应当列入的其他情形	纳入严重违法失信名单	重点监测、不给予资金资助、不向该社会组织购买服务、不予推荐获得相关表彰和奖励等、作为取消或者降低社会组织评估等级的重要参考、实施联合惩戒等

（二）组织结构：形成协同工作网络

包括组织变革在内的数字化过程是数字治理的特征之一。成都市构建了由民政部门牵头、社会组织业务主管单位和有关职能部门协同的社会组织信用监管工作网络，形成条块联动、衔接有效的社会组织综合监管格局，实现了从条块分割到条块联动的变化，体现了以社会组织信用监管功能为基础、融合信息技术的政府组织变革。

一是民政部门牵头抓总、统筹推进。成都市民政局依托行政审批业务，归集全市社会组织登记注册、行政许可、执法检查、年度检查、等级评估等基础数据信息，并通过社会组织信息服务平台向成都信用网等平台推送相关数据信息，接受社会公众免费查询，同步实现全市社会组织基础数据信息在各级各部门的实时共享。同时，成都市民政局结合收集的社会组织业务主管单位和有关职能部门对社会组织实施的检查处罚、表彰奖励等信息，定期开展社会组织信用综合评估，根据社会组织信用状况，对社会组织实施分类管理，及时发布社会组织活动异常名录和严重违法失信名单等，协调各业务主管单位、行业管理部门等，开展联合检查，及时查处社会组织违法违规行为。

二是社会组织业务主管单位和有关职能部门各负其责、联动推进。各业务主管单位根据民政部门提供的社会组织信用综合评估情况，针对性推进对主管的社会组织的管理服务，同时，根据民政部门发布的社会组织活动异常名录和严重违法失信名单等信息，配合民政部门和其他有关部门，对有关社会组织的违法违规行为进行查处。行业管理部门则根据其承担的行业监管责任，对社会组织涉及本部门工作领域的事项履行监管职责，依法查处违法违规行为并及时向民政部门通报。以成都市财政局为例，该部门会同民政等部门督促、指导社会组织严格执行国家有关财务会计制度和票据管理使用制度，并开展对社会组织财政、财务、会计等政策执行情况的监督检查，发现问题依法处罚并及时通报民政部门。

（三）管理工具：强化技术和监管的融合

数字治理包括以信息技术为基础的政府管理系统变革。近年来，成都市民政局积极运用互联网技术和信息化手段推进社会组织管理服务，建设成都市社会组织和社工网，集成社会组织行政审批、年检管理、社区社会组织备案管理、民政资助项目管理、政府购买服务项目管理、社会组织电子档案、社会组织信用管理、社会组织等级评估 8 个管理功能模块，构建起 "1 + 8" 的社会组织信用管理服务信息平台，依托其推进社会组织信用信息互联互通、透明共享，实现对社会组织"精准画像"，以促进提升社会组织管理服务智慧化、精细化、信息化水平（见图3）。

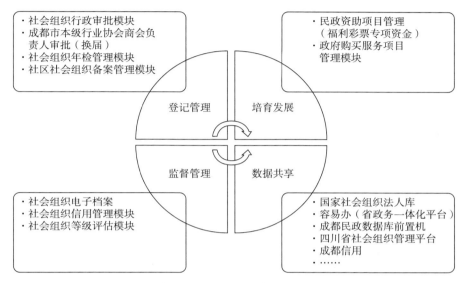

图3　成都市社会组织信用管理服务信息平台

一是实施社会组织分类标识，深化社会组织精细化、动态化管理。成都市民政局依托构建的覆盖市、县两级的社会组织信用管理服务信息平台，汇集社会组织统一社会信用代码、登记注册、等级评估、年度检查、行政处罚等信息，生成机构电子档案，形成"一户一档"。基于社会组织电子档案，成都市民政局实施社会组织信用状况动态评估、分类标识，及时将信用状况良好的机构纳入诚信单位推荐名单；将活动异常的机构和有严重违法失信行为的机构分别纳入活动异常名录和严重违法失信名单，并依法将有关情况向中国社会组织动态公众号等平台推送，做到实时更新、一网通查。各级民政部门、行业主管部门等有关职能部门依据机构信用状况分类标识情况，联动开展分类监管，对纳入活动异常名录和严重违法失信名单的社会组织进行重点监测，一旦发现苗头性问题，及时发布预警信息并跟进管理，有效防范和化解社会组织违约失信等风险。2021 年以来，成都市民政局已通过社会组织信用管理服务信息平台完成全市 1.2 万家社会组织的分类标识工作。

二是辅助政务决策，优化完善社会组织管理服务。成都市民政局运用社会组织信用管理服务信息平台，实施对全市社会组织信用状况的实时大数据分析，基于社会组织信用信息数据，实现对全市社会组织发展运行总体情况和社会组织管理服务政策效应的动态掌握，为适时完善社会组织管理服务政策举措、提升社会组织管理服务工作质效提供了有力保证。

（四）"三维一体"社会组织信用监管体系运行成效

成都市通过构建以信用监管制度为保障、协同工作网络为依托、智慧信息技术为支撑的"三维一体"社会组织信用监管体系，强化了社会组织信用信息数据在社会管理领域的深层次运用，将之拓展到政府购买服务、机构培育发展、风险防控预警等多维场景，构建起覆盖社会组织全生命周期的信用管理闭环，形成"守信者处处受益、失信者寸步难行"的工作格局，有效提升了社会组织管理服务水平，促进了社会组织发展从数量规模型向质量效能型的转变。

一是延伸机构综合监管触角。各级民政部门、社会组织业务主管单位和有关职能部门通过社会组织信用管理服务信息平台，运用大数据分析社会组织信用状况，对可能出现违规、违约等苗头性问题的社会组织提前预警、跟进监测，加强监督检查，督促相关机构优化内部治理，及时纠正整改违规失信行为；对纳入异常活动名录和严重违法失信名单的社会组织进行重点监管，及时依法查处、联合惩戒，有效防范和化解社会组织违约失信等风险，实现社会组织领域风险隐患排查化解关口前移，促进社会组织发展环境持续净化。2021 年以来，成都市民政局已依据信用信息监管情况，及时对 408 家违规社会组织进行行政处罚，取缔非法社会组织 5 家、劝散 10 家。

二是激励社会组织充分服务经济社会发展。社会组织信用信息管理权利与义务具有对等性，对信用信息良好的社会组织要给予一定的奖励（徐家良，2018）。成都市通过将信用状况评价作为社会组织承接政府购买服务的基本依据，支持诚信自律的社会组织积极发挥机构专业优势，深入参与社会治理和公共服务，激励全市社会组织增强诚信意识，提升服务能力，推动经济社会发展。近年来，成都市累计投入社会组织发展专项资金 2.1 亿元，扶持 1000 余家信用状况良好的社会组织实施公益服务项目，助力发展现代产业体系，深化社区发展治理，带动全市社会组织积极参与经济社会建设，撬动社会资金 6 亿元，投入地方产业发展和城乡社区公共服务，惠及群众 900 余万人次。

（五）讨论

成都市通过社会组织信用监管实践逐渐形成了"制度－主体－技术""三维一体"信用监管模式，形成了以信用监管制度为保障、协同工作网络为依托、智慧信息技术为支撑的社会组织"三维一体"信用监管体系。该模式具有以下特征。

一是以信用监管制度为保障。数字治理充分借助技术的能量，能够实现对治理的优化，但是缺少制度的变革将带来预期之外的副作用。因此，数字治理不能只依靠技术的单维度赋能，还需要制度等其他维度的协同支撑与制约。成都市社会组织信用监管制度包括社会组织信用监管联席会议、数据收集、数据公开、守信联合激励、失信联合惩戒等，覆盖社会组织从登记注册到注（撤）销的全生命周期，其中信用信息数据规范为全国首创。这一系列制度为成都市社会组织信用监管提供了有效的制度保障，使社会组织信用监管在制度层面做到了有规可循，更好地实现了社会组织依法监管、依规运作。

二是以协同工作网络为依托。以需要为基础的整体主义是数字治理的重要内容之一，包括以功能为基础的组织重建、一站式服务、灵活的政府过程等（竺乾威，2008）。由民政部门牵头、社会组织业务主管单位和有关职能部门协同的监管组织结构是以社会组织信用监管功能为基础的组织重建。成都市社会组织信用管理服务信息平台整合了"1 + 8"模块，为社会组织信用监管提供"一网通办"的一站式、集中化服务。通过民政部门牵头抓总、统筹推进，社会组织业务主管单位和有关职能部门各负其责、联动推进，相关政府部门在社会组织信用监管实践中灵活监测社会组织信用状况，及时进行风险预警。政府部门协同突破监管部门间壁垒，增加了"技术赋能"成效。

三是以智慧信息技术为支撑。数字治理的产生源于信息技术的发展，其目的也在于使信息技术赋能政府（保海旭、陶荣根、张晓卉，2022）。现代信息技术可以打通社会组织信用监管的信息流、业务流，并基于社会组织信用数据信息平台实现部门间、政社间协同共治。对社会组织信用信息的整理和分析有助于实现社会组织信用风险的超时空预判，智慧信息技术的应用有利于实现社会组织信用信息数据的治理和利用，以提升社会组织监管效能。

成都市社会组织信用监管实践取得了较大成效，但是在实施层面仍有一些提升空间。一是智慧化应用场景不够丰富。当前，成都市社会组织信用监管的应用场景主要为网上办理机构登记注册手续、机构信用信息公开和查询等，没有进一步突出基于对社会组织的多维度动态分析，根据社会组织发展的个性化需求，联动各级社会组织服务平台为机构量身提供管理咨询、能力建设等针对性培育服务，智慧化程度还需要进一步提高。二是公众参与的广度和深度不足。在参与渠道方面，社会公众可以通过互联网、微信公众号等获取成都市社会组织信用信息，但是对社会组织信用行为等的评价、反馈和投诉渠道有限，同时，相当一部分公众对社会组织信用体系建设意义、作用和路径的认识还不够深刻，参与相关工作的主动性、积极性还不够强烈，这不利于进一步增强推进社会组织信用监管工作的合力。

五 社会组织信用监管体系建设路径

基于数字治理理论，结合成都市社会组织信用监管实践经验，本文从制度安排、组织架构、技术平台和公众参与四个维度提出涵盖社会组织全生命周期的"三维一体"信用监管体系的建设路径。

一是完善制度安排，深化标准化建设。民政部门要牵头构建社会组织信用信息数据管理标准体系，全面制定完善机构信用信息数据采集录入、信息公开、失信处理、联合奖惩、信用修复等方面的工作标准和规范，细化明确相关事项工作流程和要求，确保规范采集社会组织基础信息、年报信息、行政检查信息、行政处罚信息等信用信息数据，在规定时限内按要求将相关信息数据录入社会组织信用管理信息系统，并在此基础上，实现对社会组织全生命周期的信用分类管理。

二是健全组织架构，强化工作基础。政府要构建完善各级民政部门牵头、社会组织业务主管单位和有关职能部门协同的专业化工作网络，深化民政部门、业务主管单位、行业管理部门和相关职能部门的联动协作，加强对社会组织信用信息数据的统一归集和管理，促进相关信息数据在不同层级、不同部门间的互联互通、融合共享，形成"纵向到边、横向到底"的社会组织信用信息管理工作格局，有效破除社会组织管理"信息孤岛"和"数据壁垒"，避免出现监管盲区，进一步提升社会组织综合监管质效。

三是升级管理平台，优化管理服务。政府要积极应用人工智能、区块链等信息化、智慧化技术，增强社会组织信用信息管理服务平台归集整合和深层次挖掘分析机构信用信息数据的功能，推进对社会组织工作特点、专业优势、能力短板等状况的动态多维立体分析和"精准画像"，并以此为基础，持续提升社会组织信用分类管理智慧化、精准化、精细化水平，切实加强社会组织违约失信预警处置，推动及时防范化解社会组织领域风险隐患，同时，探索创新丰富智慧化、个性化的社会组织培育服务场景，针对不同社会组织发展阶段特点和实际需求，实时链接各类资源，为社会组织健康发展提供软件和硬件支持。

四是促进公众参与，增强工作合力。公众参与是数字治理的题中应有之义。社会组织信用监管体系建设需要社会公众的有效参与。这需要加强社会组织信用信息监管相关政策的宣传，持续提升社会组织信用监管工作的公众知晓度，增进公众对社会组织信用监管工作的理解和支持，增强公众参与社会组织信用监管工作的积极性和主动性；同时，积极拓展公众参与社会组织信用监管的渠道，在社会组织信用信息平台增设"公众评价反馈"等功能模块，便于公众通过此功能模块实时向有关部门反馈对社会组织信用监管的工作建议和对社会组织服务的投诉、评价，同步明确专人及时收集处理公众有关意见建议和投诉评价，深化有关部门和公众的良性互动，为社会组织信用监管工作的顺利推进营造良好的社会环境。

【参考文献】

保海旭、陶荣根、张晓卉，2022，《从数字管理到数字治理：理论、实践与反思》，《兰州大学学报》（社会科学版）第 5 期，第 53～65 页。

毕竞悦，2009，《通过网络的协商民主——评桑斯坦的〈网络共和国〉与〈信息乌托邦〉》，《清华法治论衡》第 2 期，第 423～442 页。

成都市标准化研究院、成都市标准化协会、四川智能信息处理技术研究中心，2020，《成都市社会组织信用信息数据规范》，四川省成都市地方标准，DB 5101/T 72—2020。

杜泽，2020，《什么是数字治理?》，《中国信息界》第 1 期，第 47～49 页。

方俊、喻帅，2021，《社会组织信用信息监管如何创新——区块链技术的介入》，《湖南大学学报》（社会科学版）第 4 期，第 69～77 页。

关爽、李春生，2021，《走向综合监管：国家治理现代化背景下社会组织治理模式转型研究》，《学习与实践》第 7 期，第 104～114 页。

韩兆柱、马文娟，2016，《数字治理理论研究综述》，《甘肃行政学院学报》第 1 期，第 23 ~ 35 页。

何哲，2019，《国家数字治理的宏观架构》，《电子政务》第 1 期，第 32 ~ 38 页。

卡斯特，曼纽尔，2006，《网络社会的崛起》，夏铸九等译，社会科学文献出版社。

李韬、冯贺霞，2022，《数字治理的多维视角、科学内涵与基本要素》，《南京大学学报》（哲学·人文科学·社会科学）第 7 期，第 70 ~ 158 页。

刘俊海，2018，《社会组织信用信息管理制度是我国社会组织走向治理现代化的法律基石》，《中国社会组织》第 3 期，第 1 页。

刘树成主编，2005，《现代经济辞典》，凤凰出版社，江苏人民出版社。

马长山，2019，《智慧治理时代的社会组织制度创新》，《学习与探索》第 8 期，第 84 ~ 94 页。

塔格特，保罗，2005，《民粹主义》，袁明旭译，吉林人民出版社。

王义，2020，《社会组织信用管理中的"三色"名单制度分析》，《行政与法》第 1 期，第 60 ~ 68 页。

王翊亮、郭文波，2018，《协同治理模式下推进信用体系建设的思考》，《宏观经济管理》第 10 期，第 52 ~ 57 页。

吴文裕、吴二娜，2017，《厦门市规范管理社会组织信用信息》，《中国社会组织》第 11 期，第 39 页。

徐家良，2018，《社会组织发展的新动力与新机制——简评〈社会组织信用信息管理办法〉》，《中国社会组织》第 4 期，第 16 ~ 17 页。

徐晓林、刘勇，2006，《数字治理对城市政府善治的影响研究》，《公共管理学报》第 1 期，第 13 ~ 108 页。

徐嫣、王博，2017，《论失信联合惩戒视野下社会组织信用监管制度的构建》，《法律适用》第 5 期，第 116 ~ 120 页。

姚锐敏，2013，《困境与出路：社会组织公信力建设问题研究》，《中州学刊》第 1 期，第 62 ~ 67 页。

张建伟，2019，《加强信用体系建设 提升社会组织诚信自律水平》，《中国社会组织》第 14 期，第 35 页。

赵晓芳，2020，《自律与他律的协同：社会组织信用体系建设的逻辑与路径》，《社会福利》（理论版）第 11 期，第 35 ~ 40 页。

周荣华、李鑫，2019，《社会信用管理服务的创新趋势及优化途径》，《东吴学术》第 3 期，第 40 ~ 47 页。

竺乾威主编，2008，《公共行政理论》，复旦大学出版社。

Dunleavy, Patrick. 2006. *Digital Era Governance*: *IT Corporations, the State, and E-Government.* Oxford University Press.

Fountain, Jane E. 2001. *Building the Virtual State*: *Information Technology and Institutional Change.* Brookings Institution Press.

Milakovich, M. E. 2012. *Digital Governance*: *New Technologies for Improving Public Service and Participation.* Routledge, Taylor & Francis.

韩国国际志愿服务风险管理经验与启示

高延君　张祖平

摘　要： 国际志愿服务相比于国内志愿服务最大的区别在于工作环境的改变与迁移。与国内不同的语言、文化、种族和生活环境决定了国际志愿者会面临更大的压力和挑战，因此国际志愿服务要求志愿者具备更强的风险管控能力。志愿者风险管理是国际志愿服务中需要重点解决的问题。韩国从20 世纪 90 年代初就开始外派志愿者。在 30 多年的国际志愿服务中，韩国迅速完善了国际志愿服务风险管理体系，建立了安全风险把控体系、医疗救助服务体系、心理健康管理体系和归国就业辅助体系。这些经验对国际志愿服务处于发展初期的中国具有很高的启示价值。

关键词： 韩国；国际志愿服务；风险管理

---

* 高延君，博士，山东工商学院外国语学院讲师，主要研究方向为公益慈善、志愿服务，E-mail：18563891570@163.com；张祖平，博士生导师，上海海洋大学海洋文化与法律学院教授，主要研究方向为社会工作、志愿服务，E-mail：zpzhang@shou.edu.cn。

一 国际志愿服务的特征及主要风险

国际志愿服务相比于国内志愿服务最大的区别在于工作环境的改变与迁移。与国内不同的语言、文化、种族和生活环境决定了国际志愿服务具有独特的行为特征。首先，每个志愿者都扮演着民间外交官的角色。国际志愿服务既是国家行为，也是个人社会行为，具有官方性和民间性双重属性（王艺，2020）。每个走出去的国际志愿者不只代表个人，国家层面派遣的国际志愿者在一定程度上代表了国家意志与国家形象。其次，国际志愿者以志愿服务为工作重心。国际志愿服务要求志愿者必须全职参与服务活动，且服务时间一般为两年左右，这完全不同于国内志愿者利用闲暇时间提供服务的公益行为。

相对于国内志愿者而言，国际志愿者会面临更大的压力和挑战，因此国际志愿服务也要求志愿者具备更强的风险管控能力。从某种程度上来讲，成功的志愿者管理就是成功的风险管理（师欣，2002）。国际志愿工作任务周期长、任务重、生活环境压力大，需要具备较强的心理素质、适应能力和自我解压能力（高延君，2019）。风险的偶然性、相对性、社会性、客观性及不确定性等特征都给风险管控增加了难度，但保障志愿者的安全利益直接关系到我国国际志愿者事业的健康发展，也是影响志愿者参与意愿的重要因素。

由于国际志愿服务特殊的工作环境，笔者将其风险特征从广义上分为人身安全风险、心理健康风险、个人发展风险三个方面。

一是人身安全风险。志愿者的人身安全可以从外部和内部两个方面来看。外部的人身安全涉及受援国当地的社会及自然所产生的风险要素，社会要素如治安不好、战乱、恐怖活动等，自然要素如洪水、台风、火山、地震等。内部的人身安全主要是针对志愿者的身体健康而言。受援国中欠发达国家及地区存在基础医疗救护设施不完善且健康卫生意识不足的现象，常有传染病肆虐。志愿者初来乍到，往往容易出现水土不服，并且在训练、工作或生活过程中还可能面临交通事故、摔伤、烫伤等事故性伤害。

二是心理健康风险。心理状况不良是国际志愿服务比较突出的风险特征。在异国他乡，除环境陌生、条件艰苦之外，语言的障碍及文化的不适应给志愿者带来的不仅是工作上的阻力，还有巨大的孤独感及文化休克现象①可能引发的抑郁倾向。不良的心理状态势必给个人成长和工作带来巨大影响，也会间接影响志愿者所代表的国家形象。

三是个人发展风险。国际志愿者多以青年为主，大多处于人生发展的关键时期，为期一到两年的国际志愿服务会使志愿者面临个人事业发展中断的风险。通过国际志愿服务的历练，志愿者在奉献自我的同时，工作能力、外语能力及交际能力等会得到大幅提升，这可以为其归国后谋求更好的个人发展提供支撑，但归国后与国内生活不能顺利衔接、志愿经历不被重视和认可也是普遍存在的现象。

二　韩国国际志愿服务中发生的风险

1991 年，韩国政府出资成立了全权负责韩国对外无偿援助相关事项的专门机构——韩国国际协力团（Korea International Cooperation Agency，KOICA），韩国国际协力团的独立设置使韩国国际志愿服务事业走上了快速发展的道路，经过 20 年的发展，其累计派遣人数规模便上升至世界第三，仅次于美日（이행덕외，2011）。其中，2001～2010 年是韩国国际志愿服务事业发展最为迅速的十年，也是志愿者遭遇风险最大的十年。在此过程中，韩国国际志愿服务风险管理体系迅速得到完善。因此，本文也多以此十年间的案例举例说明。

首先是社会动荡及自然灾害。2001 年，美国入侵阿富汗。在其邻

---

①　文化休克，指一个人进入不熟悉的文化环境时，因失去自己熟悉的所有社会交流的符号与手段而产生的一种迷失、疑惑、排斥甚至恐惧的感觉。

国巴基斯坦的韩国志愿者根据指示于首都进行了紧急集结避险。以2006～2010年五年间的紧急突发事件为例，2006年斐济由总统选举导致社会政局混乱，印度尼西亚默拉皮火山活动加剧；2007年印度尼西亚苏门答腊岛发生多次剧烈地震；2008年缅甸宪法修订事件导致外国人无法入境及无法签证延期；2009年菲律宾马荣火山爆发；2010年厄瓜多尔通古拉瓦火山爆发；等等。五年间，韩国共在8个国家采取了国际志愿者紧急避险措施10次，志愿者被转移至周边安全地区，涉及志愿者总人数为74人，平均每年的避险频率达到2次。2011年，突尼斯和埃及发生大规模暴乱，韩国首次采取了将志愿者紧急护送归国的措施。①

其次是身体健康及事故伤害。在2000～2010年十年间，韩国国际协力团接受紧急医疗护送服务的志愿者多达508人，其中护送归国的有223人，护送至临近第三国的有281人。由此可见，需要医疗救助的志愿者不在少数。在病历分析中，内科疾病占30%，比例最高，其次是事故伤害，占16%。以2010年的统计数据为例，在韩国派遣的国际志愿者当中，约有17%的志愿者向专业医疗机构进行过医疗咨询，咨询内容主要集中在疾病感染及事故伤害两个方面。②

最后是难以适应当地社会生活。2005～2010年，韩国国际协力团国际志愿者活动的总人数为13540人，其中中途归国人员达到675人，占比为5%。关于这个比例数值，依据2004年的统计数据，美国为26%，英国为20%，新西兰为10.7%，澳大利亚为9%，日本为6.4%。由此可见，韩国国际志愿者的中途归国率已相对较低。在中途归国人员当中，因学业、就业、结婚等个人原因而中途归国的有523人，占比77.5%；因健康问题而中途归国的有85人，占比12.6%；因当地社会生活不适应而中途归国的有64人，占比9.5%。通过数据可以看出，因当地社会生

---

① 上述材料来源于《한국해외봉사단 20 년발자취》（韩国海外奉仕团 20 年足迹），第 110～111 页。

② 上述材料来源于《한국해외봉사단 20 년발자취》（韩国海外奉仕团 20 年足迹），第 155～156 页。

活不适应和健康问题而中途归国的志愿者人数比较接近，心理健康及适应能力的重要性不亚于健康问题。况且实际也不排除一部分志愿者羞于表达自己对当地社会生活适应能力差的真实状况，从而以学业、就业及结婚等为借口申请中途归国。①

三　韩国国际志愿服务风险管理的主要做法

韩国国际志愿服务经过 30 年的不断发展和完善，已形成一套比较完整的风险应对体系。相比于国际志愿服务的标杆国家美国和日本，韩国的国际志愿服务事业起步晚、发展快，目前已经建立了包括安全风险把控体系、医疗救助服务体系、心理健康管理体系、归国就业辅助体系在内的四大类国际志愿服务风险管理体系。

（一）安全风险把控体系

1. 受援国安全等级

韩国国际协力团对受援国进行了"安全""关注""注意""警戒""危险"五个等级的评定，每个等级都有相应的评估基准及应急措施，当安全度达到"警戒"和"危险"时，将终止对该国的志愿者派遣。韩国国际志愿服务管理部门实时密切关注受援国风险因素的动态发展，根据受援国恐怖活动、社会骚乱、自然灾害、病毒传播等风险要素对受援国进行实时的安全等级评估，并制定相应的应对措施。受援国安全等级的划分可以从宏观上对各个国家国际志愿者的工作和生活环境进行把控。在遭遇突发情况时，志愿者也可以第一时间根据所在国安全等级了解事态的严重程度，并采取相应的防范措施。

2. 紧急避险机制

韩国国际志愿服务管理部门以受援国分类，以当地志愿者管理人

---

① 上述材料来源于《한국해외봉사단 20 년발자취》（韩国海外奉仕团 20 年足迹），第 133 ~ 134 页。

员及志愿者代表为核心，建立应急联络系统并定期进行检查，以应对紧急情况下指挥调度信息的传达。当受援国发生社会骚乱及自然灾害等重大危机时，韩国国际志愿服务管理部门通过应急联络系统即刻通知相关志愿者在指定时间内到达预先规划的避险场所，如果危险难以解除，则应考虑护送志愿者回本国或就近去往第三国。

3. 日常风险应对训练

韩国国际志愿服务管理部门除了加强派遣前的安全教育培训之外，在受援国当地也制定了定期的风险应对训练，具体分为以下四个方面。第一，设立 24 小时安全风险管理中心。韩国国际志愿服务管理部门针对国际志愿者发生的安全紧急状况进行即时的信息获取和直接的联络管理。第二，定期提交安全报告。韩国国际志愿服务管理部门全面把控志愿者的安全状态，要求志愿者定期向管理部门递交安全报告，并鼓励志愿者根据当地实际状况提出相应的建设性意见。第三，强化安全教育。受援国驻外使馆或志愿者负责人带领国际志愿者定期进行安全教育培训，强化志愿者在紧急状况下的行动要领和应急处理方法。第四，发放安全管理及风险应对手册。韩国国际志愿服务管理部门根据受援国的不同状况以风险警报、风险预防、风险应对、风险时期工作活动方针以及紧急避险规划等内容为主体制作安全管理及海外风险应对指南等资料，并将其分发给每名国际志愿者，以供日常学习。

（二）医疗救助服务体系

1. 定期为志愿者进行医疗体检

韩国国际志愿服务管理部门在出国派遣前要对志愿者进行体检，派遣时进行预防接种，派遣期间在当地每年进行一到两次的身体检查。若当地条件不允许，管理部门则需要考虑在临近第三国进行体检。此外，管理部门还以国别和地区为中心建立志愿者健康疾病管理数据库，尤其是对当地特殊的疾病传播状况及先前的疾病案例进行事前调研，以达到特色化把控。

2. 国内外保险制度

志愿者保险不仅适用于海外活动，也应适用于国内选拔集结后的岗前培训。人身保险可以将风险转嫁，尤其是国际志愿活动存在众多不确定因素，在意外来临之际可以最大限度地减少志愿者的损失。保险制度的建立不仅能够为被保险人提供充分的保障，也能让国际志愿者本人及亲属获得安心。

3. 紧急医疗救助服务

当志愿者身体出现突发状况时，若当地医疗条件不足以为志愿者身体疾病及事故伤害的有效治疗提供保障，则管理部门应进行紧急转移护送治疗。此外，韩国还与多家海外医疗风险管理机构及国际专业救援组织签署合作保障协议，并预存了一定的紧急救助资金，以应对紧急重大疾病及事故的发生。

（三）心理健康管理体系

为提高国际志愿者的跨文化交际能力，防止文化休克现象及心理疾病的产生，韩国国际协力团不断加强海内外岗前培训，尤其是海外岗前培训。在韩国国际志愿者海外当地的适应培训中，当地语言的培训占总培训的70%，语言不通被认为是制约国际志愿者顺利工作和生活的最重要因素。长期缺乏有效沟通导致志愿者在工作和生活上越发趋于内向，性格上越加封闭。这不仅影响志愿服务，也会给志愿者带来巨大的孤独感、挫败感，进而引发心理疾病。韩国国际协力团青年志愿团的培训分为国内培训与海外当地培训两个部分。韩国国际协力团经过多年的摸索和总结发现，志愿者在海外当地的语言文化培训效果比国内培训显著。目前，韩国国际协力团青年志愿团岗前培训时间稳定在国内5周左右、海外当地8周左右，前后共计13周左右的培训周期。从培训内容的时间分配来看，国内培训中语言能力培训比例为30%，达到61小时；海外当地语言能力培训比例为62%，培训时间为180小时。总的语言能力培训达到241小时，在所有培训内容时间占比中处于绝对第一的位置。为了提高志愿者对海外当地的适应能力，在培训类目之中还有当地文化体验、当地宗教和文化的理解等课程。此外，在培训期间，韩国国际协力团还会安排志愿者在服务机构的工作人员家中居住（Homestay）一到两周，以提高志愿者与当地居民的亲和度。

（四）归国就业辅助体系

归国就业问题是韩国国际志愿者归国后最为关心的问题。第一，韩国国际协力团青年志愿者除了在海外志愿服务会得到平均每月 550 美元的津贴之外，还会得到每月 50 万韩元（约合 450 美元）的归国发展金储蓄。这些归国发展金将在志愿者归国后一次性发放，让其与国内生活进行衔接。① 第二，韩国国际协力团自 2005 年开始运营"职业经历管理系统"（Career Path System），不断为归国志愿者介绍和提供就业岗位，如国内教育培训教员、海外派遣管理教员、青年团专家、中老年团专家、海外使馆工作人员、海外事务所工作人员、海外企业工作人员等，通过这些方式对国际协作方面的优秀人才进行深度挖掘和进一步培养。第三，建立就业支援咨询中心。1997 年，韩国国际协力团通过和经营求职招聘的企业进行合作，向归国志愿者不断发送相关就业信息。2006 年，韩国国际协力团建立就业支援咨询中心，由总部向中标的求职招聘服务企业派遣人力，以承担此方面的业务。2015 年，韩国国际协力团开设专业的求职服务网站（http://job. koica. go. kr），该网站建设为归国志愿者的求职与其他活动的开展提供了强有力的网络平台。第四，韩国国际协力团奖学金制度。归国后的志愿者若与就业相比更有志于通过高校硕博士课程进行国际协作方面的深造，韩国国际协力团会通过志愿者的前期表现和面试等多种方式进行综合考察，并给予合格者学费 75%的减免优惠，但支援上限设定为每年 1000 万韩元（约 5.5 万元人民

---

① 上述材料来源于《한국해외봉사단 20 년발자취》（韩国海外奉仕团 20 年足迹），第 105 ~ 106 页。

币）。这种奖学金制度也适用于志愿者在国外大学就读。

四　启示：中国国际志愿服务风险管理

时至今日，随着我国经济的不断发展、国家力量的不断增强，我国已从单纯的受援国发展成援助国（魏娜，2018）。2018年，国务院机构改革方案将商务部对外援助工作有关职责、外交部对外援助协调等职责整合，组建了国家国际发展合作署，使其成为国务院直属机构。这一举措释放了我国将大力发展对外援助、发展国际志愿服务事业的强烈信号。但与强烈的发展意愿相比，当下我国国际志愿服务发展时间短，运作经验不足，还存在诸多问题和矛盾，如缺乏专业的管理机构，缺乏合理的制度安排，缺乏科学的运作模式，缺乏足够的财力支持，缺乏合格的人才队伍等（林存吉、林俊杰，2017）。在众多需要解决的问题和矛盾之中，国际志愿者风险管理体系的建设最为基础和关键。有效的风险管理可以促进决策的科学化、合理化，减少决策的风险性；科学的风险管理实施可以使生产活动中面临的风险损失降至最低。虽然国际志愿服务是志愿者不以经济利益为目的进行的利他性活动，但活动的进行绝不能以志愿者的安全为代价，尤其志愿者基本的人身安全必须在最大程度上得到保障。中韩两国同属东亚儒家文化圈，因此韩国国际志愿服务事业的风险应对经验对我国具有独特的借鉴意义。

（一）做好国际志愿者的安全管理

关于志愿者的个人安全风险应对及日常管理保障，从目前发展优于国际志愿者服务的孔子学院汉派教师的反馈来看，大使馆文化处人员少，工作繁忙，对志愿者日常管理较少（刘汉银，2014）。我国主要依赖驻外使馆对当地志愿者进行全方位的单线管理，缺乏多重保障，也缺乏有效沟通。而且驻外使馆多集中在受援国首都，难以覆盖受援国所有地区。随着将来我国国际志愿者派遣人数的不断增多，海外国际志愿服务管理事务所的设立也势在必行。在此基础上，我国应成立单独的国际志愿服务总体安全管理机构，了解受援国的安全状况，对可能影响志愿者安全的不稳定社会及自然因素通过 APP、小程序及微信公众号等形式在线上实时发布。为防止极端情况发生，管理机构需提前规划每个地区志愿者紧急避险的撤离路线及避难场所，对具体的相关细节进行岗前教育和定期安全培训。同时，管理机构还应根据国别制定严格的志愿服务行为准则，如不允许开展营利性活动等，并在此基础上结合当地的风土人情和社会习俗制定更为细致的行为规范。

（二） 做好国际志愿者的身体健康管理

志愿者的健康状况一直是志愿者及其家人最为担心的问题。志愿者远赴国外，由于公共卫生条件及水土不服等原因时常在身体健康方面出现问题。建议除了让志愿者在国内加强体检、接种相应疫苗及分发常备用药之外，还应保障志愿者在海外能够进行常规年度体检，设立健康咨询热线，建立当地疾病数据库及本国志愿者病历档案，完善具有畅通性、时效性及多选择性的紧急转移护送治疗保障机制。同时，政府可以与海外医疗风险管理机构签署合作保障协议，预存救助资金，完善保险制度。最后，政府可优化医疗报销程序，设立紧急救助基金并明确使用规则，甚至志愿者死亡及相应的家庭赔偿细节都应做到提前规划。

（三） 做好国际志愿者的心理健康管理

志愿者心理健康发展也是不容忽视的一环。目前，我国国际志愿者在上岗前可获得为期一周左右的国内培训，内容包括理念培训、纪律培训、安全健康培训和服务技能强化。其培训时间极其有限，且并无有关服务国当地语言的培训。虽然国内选拔有对志愿者英语能力的考核，但受援国不一定都是英语国家。比如，有的青年志愿者遇到了难以融入当地社会的困境，究其原因，是对当地语言的陌生以及对跨文化沟通技巧的陌生 （黄立志，2016）。通过韩国国际志愿者中途归国事由调查报告可以看出，因缺乏跨文化适应能力而中途退出的志愿者人数已经逼近因身体健康问题而退出的志愿者人数。要提高志愿者跨文化适应能力必须加强岗前培训，探索有针对性的专业国际志愿者培训课程，建立稳定的、高水平的培训队伍和培训基地，逐步引入网络教学等信息化手段，以最终实现每位国际志愿者上岗服务前接受不少于 8 周的专业培训、服务期线上实时培训。除了了解受援国的文化、风俗、宗教等外，当地语言能力的培训是提高国际志愿者海外适应能力的最重要一环。因为语言的不通畅容易让志愿者陷入自我封闭的恶性循环，对其工作和生活会产生巨大的不利影响。

（四）做好国际志愿者的归国就业和职业发展管理

志愿者完成志愿服务归国后会面临个人事业中断的风险。归国后志愿者能否很好地应对这种风险，能否将海外所积累的技术和经验很好地应用到新的事业之中，是志愿者起初报名参加国际志愿服务时重点考虑的要素。根据《援外青年志愿者选派和管理暂行办法》，"圆满完成服务任务的援外青年志愿者将获得援外青年志愿者荣誉证书，表现优秀的援外青年志愿者可以被推荐到中国驻外使领馆经济商务参赞处（室）或援外专家组工作"。对于将来日益庞大的归国志愿者群体的管理、保障及再发展来讲，除证书奖励与工作推荐外，建议在精神荣誉、优秀青年评选、优秀青年志愿者评选、升学深造、就业创业、职称晋升等方面制定全国统一的系列激励政策，尤其是要参照国内志愿服务重点项目在研究生考试、公务员考试、计算工龄、应届毕业生待遇、助学贷款、职称评聘等方面的激励和支持政策。同时，政府可出台和完善国际志愿者归国就业创业扶持政策，鼓励企业和社会组织接收和扶持归国志愿者就业创业，建立归国志愿者人才发展资金，强化就业创业服务网络，提供归国志愿者就业创业咨询辅导、项目对接、技能培训和服务指导。国际志愿者经过国外工作的历练，是具有国际视野的国家人才资源。政府应充分发挥归国志愿者在国际志愿者队伍建设和人才培

育中的作用，实现有序递补与有效衔接，使其海外技术和经验以及所具
备的志愿精神最大限度地回馈本国社会。

【参考文献】

曹玲玲，2020，《"一带一路"背景下青年志愿服务发展研究》，硕士学位论文，
　　南昌大学，第 40 页。

高延君，2019，《海外志愿服务的发展趋势及特征》，《深圳特区报》8 月 27 日，
　　第 2 版。

黄立志，2016，《被遮掩的中国名片——中国青年志愿者在海外》，北京时代华
　　文书局。

林存吉、林俊杰，2017，《"一带一路"国际志愿服务的顶层框架设计》，《公共
　　外交季刊》第 4 期，第 2 ~ 4 页。

刘汉银，2014，《浅论海外汉语教师志愿者的日常管理——以孟加拉国为例》，
　　《保山学院学报》第 3 期，第 3 页。

陆一波，2013，《到海外当志愿者，警惕"爱的风险"》，《解放日报》2 月 22 日。

师欣，2002，《可可西里两名志愿者遇难前前后后》，《南方周末》12 月 14 日，
　　第 11 页。

王筱稚、黄立志、刘海方，2012，《反思中国对非公共外交——以援外青年志愿
　　者为个案》，《当代世界》第 3 期，第 34 页。

王艺，2020，《国家战略下的国际志愿服务与青年参与》，《北京青年研究》第 2
　　期，第 3 页。

魏娜主编，2018，《志愿服务概论》，中国人民大学出版社。

이행덕외，2011，《한국해외봉상단 20 년발자취》，한국국제협력단.

한국국제협력단，2019，《한눈에 읽는 2018 년 World Friends Korea 주요통계》.

处理复杂性问题的工具

——评《公益创业：一种以事实为基础创造社会价值的
研究方法》*

刘羽晞**

摘　要： 公益创业是一个迅速成长的研究和实践领域。在现代社会，无论是私人部门还是公共部门，都致力于寻求新工具和新方法，以解决日益复杂的社会问题。基于此，公益创业应运而生。本文根据《公益创业：一种以事实为基础创造社会价值的研究方法》一书，总结和归纳了公益创业的产生背景、创业过程以及具体形态等，为公益创业家们提供必要的知识、工具和技能，为他们处理复杂的社会问题提供借鉴和参考。

关键词： 复杂性问题；公益创业；社会价值

历史的阶段性决定了社会特征，也决定了应当采取的解决方案

---

*　基金项目：国家社会科学基金重大项目"中国特色协商民主体系研究"（项目编号：22ZDA069）。

**　刘羽晞，上海交通大学国际与公共事务学院博士研究生，主要从事城市治理、社会治理、社区治理等方面的研究，E-mail：liuyuxi828@163.com。

（赵吉，2022）。随着人类生产、生活与实践活动范围和规模越来越大，社会逐渐从"静态社会"向"流动社会"转变。这一变化趋势加剧了社会的复杂性，也催生出各种各样的社会问题，如资源短缺、城市贫困、失业、公共服务不足等，给现代社会带来了新的挑战。正如史蒂芬·古尔德史密斯（Stephen Goldsmith）和威廉·艾格斯（William Eggers）所言，"从方方面面来看，21 世纪面临的挑战以及应对诸多挑战的方法前所未有地纷繁复杂。各种复杂问题不断地否定单一的解决方案，'一刀切'的方案开始为其他路径所取代"（Boschee，2001）。

解决这些复杂性问题要求在角色、关系以及有效工具上进行变革，根据不同地方的需求进行改变，特别是常常要跨越组织的界限。长期以来，我们习惯于将社会划分为三大组织：政府组织（第一部门）、市场或营利组织（第二部门）和非营利组织（第三部门）。每种组织界限清晰，轮廓分明。在日益复杂的现代社会之中，严峻的财政环境、前所未有的竞争压力、越来越高的社会期望以及更加多元的社会需求不断侵蚀着三大组织之间的边界，使组织之间的各种观念、价值、信息、资源等要素开始互相流动。正是在这样的背景下，公益创业不断兴起，成为政府组织、市场或营利组织和非营利组织应对社会复杂问题的新工具之一。

一　公益创业的诞生与兴起

随着近年来公益事业越发受到重视以及各种公益组织的不断涌现，公益创业逐渐进入大众视野。何为"公益创业"？学术界对此莫衷一是。根据中国公益创业研究中心的定义，公益创业（Social Entrepreneurship）是指个人、社会组织或者网络等在社会使命的激发下，追求创新、效率和社会效果，经济效益兼顾社会效益，是面向社会需要建立新的组织或向公众提供产品或服务的社会活动。书中遵循了奇尔哈特

（Tschirhart）和比勒菲尔德（Bielefeld）（2012）的主张，认为公益创业是借助创新、创造产品、组织以及实践生产和维持社会效益等追求社会目标的方法。不同于商业企业，公益创业并不以营利为首要目标，主张从解决社会问题和满足社会需求出发，创造产品或服务，是一种混合模式，其中既包括市场或营利组织的活动，也包括非营利组织的活动以及政府跨部门的合作，从而更具灵活性、多元性与创新性。

为什么公益创业会出现和兴起？书中归纳了三个原因。一是社会必需品方面的需求没有得到满足，而公益创业的出现主要满足了政府和市场都无法满足的那部分需求。二是非营利组织有必要增加组织收入，提升内部效率，从而有更多的资金维持运作。由于经济不景气、政府财政资助削减等因素，非营利组织的资金缺口开始增大，不得不寻找新的办法，继续向民众提供服务的同时维持正常运作。三是外部环境的变化，如要素流动、政策放宽、信息技术的发展等，促进了世界的互联互通，给公益创业的孕育和发展提供了良好的成长空间，增强了公益创业家们的沟通与协作，让低成本、高效率的公益行动成为可能。

公益创业并不仅仅关于慈善事业，而是可以在医疗、教育、环境和科技等多领域中进行实践，其主要目的是应对碎片化的社会问题，帮助社会上的困难群体拥有良好的财务、社会和精神状态，提升他们的幸福感。从这个意义上讲，公益创业有三个必不可少的要素：强烈的公益使命、具有奉献精神的团队和创新的公益模式。为了进一步观察公益创业，书中引入"公益创业导向"这一概念，建立了一个三维矩阵（见图1），从创业程度（风险承担程序、创造性、前瞻性）、创业频率以及公益使命调整三个维度，为公益创业家们提供了一个基准尺度，以方便自我测试以及跟踪公益创业的偏好、流程和水平等在时间上的变革。

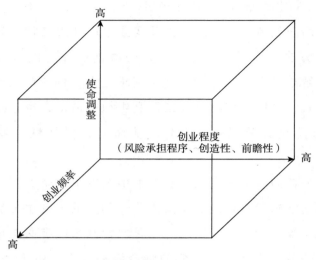

图 1 公益创业导向：一个三维矩阵

二 公益创业的行动过程

（一）发现和创造公益创业机会

"没有机会就没有创业"说明了机会对创业的重要性，而机会识别既是公益创业过程中的第一个阶段，也是最重要的一个阶段。在阿尔迪威利（Ardichvili）、卡多左（Cardozo）和雷（Ray）（2003）看来，机会的识别和发展主要受到五个因素的影响：创业警觉性、信息不对称和先验知识、社会网络、人格特质以及机会自身类型。在实践中，如果要发现和创造机会，就要对市场有敏锐的感知，即察觉市场被忽略的需求，继而创造一种新的模式来满足这种需求。为了将机会创造的过程进一步分解，学者们提出了机会发展的两个主要步骤：一是创意的形成，公益创业家首先要通过社会需求，发掘有发展前景的新点子；二是公益创业家试图将这个新点子发展成一个公益创业机会，然后对机会进行评估，看看有没有可持续发展的潜力，再决定是否继续。

（二） 评估和开展公益创业行动

识别机会之后，公益创业家如何利用好机会，把机会发展成一个新项目、新组织，是公益创业的关键。从机会到行动的过程，既可以通过建立新组织，也可以通过在现有组织中建立新项目来完成。公益创业家不仅要考虑到投入、运作、产出、结果、影响等方面，也要对公益创业的可行性、实用性进行评估，还要对市场、政策领域和资源环境等方面的支持性进行全局分析。例如，公益创业计划中的财务风险点在哪里？管理团队的知识和能力能胜任吗？资金充足吗？在诸多影响因素中，资源的利用方式至关重要。资源在不同的时间维度上也需要进行长远的规划，如第一年、前两年、三年及以上期间可能需要的或者还需要补充的资源有哪些等。资源的利用决定着创业行动的成败，特别是在政府资助和拨款变得不确定时，资源的自给自足和精准规划是必不可少的。

（三） 提升项目的有效性和影响力

公益创业项目的持续主要取决于该项目在特定时间段内的有效性和影响力。正如书中一直强调的，公益创业的使命是提供社会价值。那么，项目产生的社会效果和影响也成为评估公益企业有效性的最终标准。例如，职业教育的项目开展了，学生真正掌握新技术了吗？失业人口减少了吗？一般来说，公益创业家判定公益创业项目的有效性之后，就会开始进一步考虑扩大项目的影响力。书中为公益创业家们总结归纳了扩大社会影响力的三种机制：推广、附属或分支。其中，推广是三种机制中最为快捷的一种，即向别人提供技术援助、培训或咨询，分享信息和知识等。需要注意的是，扩大社会影响力的初衷是好的，但是公益企业家们需要谨慎考虑、精心谋划，如果准备不充分而盲目扩张，则会增加现有项目的压力，加速项目的失败。

（四） 为公益企业项目筹措资本

资金是公益企业或组织存在的关键因素。公益企业不仅需要资金去维持项目，还需要为项目的启动与扩张筹措资本。不同的公益企业因属性不同，筹资的类型和方式也不同。其中，政府等公共部门创业可以通过政府税收等方式获得资金，市场或营利组织的公益创业主要利用企业内部的资源，如企业预算分配、企业收入等。相比较而言，非营利组织有更多的资金来源选择，如慈善捐赠、政府拨款、合同、服务收费以及投资所得等。作为一家公益企业，已获得的资金收入也需要紧紧与初定的公益使命挂钩，需要动态评估其是否与公益使命有关。例如，一所学校经营了一家面向大众的自助餐厅，但其与学校本身的教育使命无关。一家公益企业的无关使命项目收入过高，则可能被判定为企业活动偏离了使命，继而面临相关法律问题。所以，公益企业需要注意并时刻防范使命转移的情况。

三　公益创业组织的运作形态

现代社会是一个复杂的网络系统，涉及教育、医疗、卫生、住房、社会保障和公共安全等多个层次领域。根据复杂系统理论，越是复杂的系统，对系统协调的要求也越高（范如国，2014）。公益创业领域亦是如此。特别是在互联网和新媒体快速发展的今天，组织之间的距离大大缩短，越来越多的公益创业组织正尝试跨越自身的功能和边界，寻求与政府、社会、企业、非政府组织、非营利组织等各类组织的交流与互动，进而开展组织之间、组织团体之间的协同与合作。这不仅增强了公益创业的开放性、包容性与有效性，也为公益创业的可持续发展提供了新的可能性。

（一） 两个组织之间的互利互惠

我们越来越多地看到这样一种现象：两个组织之间通过正式和非

正式的谈判形成互动关系，共同制定规则和结构，共同商量决策和行动，形成一种信息共享、互利互动的关系（Thomson，2001）。例如，解决失业问题的公益组织把培训好的技工送去工厂，工厂把技能不足的工人送到组织接受培训等。通过合作与互动，组织之间能够实现资源的相互依存，从而达成双赢的目标。随着公益创业的不断发展，越来越多的组织开始进行良性的互动与合作，其中包括简单合作、事务合作以及合并合作三种方式。简单合作之间的交互和联系较少，一般是就某一临时性或特定问题的合作；事务合作属于两个组织任务和愿景的重合，蕴含着更多的理解和信任，如青少年心理咨询机构与娱乐中心合作开发的促进青少年健康成长的项目；合并合作涉及更广泛深入的参与，是建立在高任务网和共同价值基础上的活动，项目的规模也较大，如两个学区联合设计课程和提供教师培训等。

（二）　组织团体网络的协同合作

科技的进步使世界上不同团体、组织、社区和国家之间的联系更加紧密，也使跨距离的多方协作成为可能，从而产生集体的影响力。多个组织的共同参与形成了一个庞大的组织网络，也相应涉及组织网络的运行和管理问题。普罗万（Provan）和凯尼斯（Kenis）（2008）定义了三种类型的管理方式：第一种是每个成员各自管理他们自身，但这需要成员之间的高度一致性，否则可能导致分散化和无效率的结果；第二种是选出一个领导组织进行控制和管理，这样可以更好地处理网络成员之间的分歧，但也具有灵活性较弱的弊端；第三种是引入一个独立的组织充当经纪人或协调者，这种方法相对温和，但也会增加额外的开销。组织团体之间的合作十分普遍。这不仅能够解决跨越部门界限的复杂性问题，如教育、卫生保健以及社区发展等，还能够避免重复服务，更好地利用稀缺资源，提高组织的运行效率，扩大组织活动的影响力。

（三） 现代社交媒体的充分运用

社交媒体的快速发展，为公益创业提供了新的可能性，大大增加了公益创业组织对外宣传、曝光以及互动沟通的机会。新媒体实现了信息的传播和共享，让大众了解公益创业组织是什么、在做什么、取得了什么成就等，从而拉近了与民众之间的距离。郭超和塞克斯顿（Guo & Saxton，2014）提出基于社交媒体战略的"金字塔"模型，包括三个阶段：一是深入民众，组织的首要任务是深入民众，唤起民众对慈善事业的关注；二是保持活力，即维持好现有的成效和影响力；三是加紧行动，首要任务是动员，即动员更大范围的民众支持公益事业，如号召捐款或参与行动等（见图 2）。总体而言，"金字塔"模型是描述性的，而不是规范性的，旨在帮助理解社交媒体引入公益创业之后的动态作用，帮助理解公益创业家们通过社交媒体推进公益事业的过程。需要注意的是，虽然社交媒体方便了公益创业组织的行动，但公益创业组织不能过多依赖社交媒体。拨打电话、口耳相传、面对面会议等传统方式同样不可或缺。

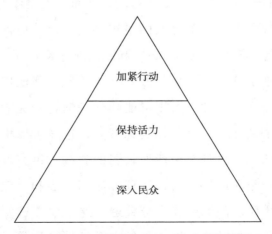

图 2 基于社交媒体战略的"金字塔"模型

资料来源：Guo & Saxton，2014。

四　小结与反思

《公益创业：一种以事实为基础创造社会价值的研究方法》一书为迅速发展中的公益创业领域提供了一个全局性的概述，为公益企业家和创新者们提供了必要的知识、工具和技能，以帮助他们更好地应对和处理社会中的复杂性问题。作为全面解读公益创业的著作，《公益创业：一种以事实为基础创造社会价值的研究方法》呈现了以下四个重要结论。其一，社会使命是公益创业的行动指南。公共组织和非营利组织的一切行动，包括试验新想法、推动新计划或开发新的收入来源等，始终是围绕达到社会使命这一目标而开展的。其二，公益创业属于机会驱动。发现和创造机会是公益创业的重要步骤。事实上，公益创业也通常是在占据天时地利的情况下发生的，并顺应趋势不断发展。其三，公益创业不是初创企业的专利。虽然大部分文献与研究主要集中于初创企业，但其实大型组织和现有的组织也可以开展公益创业。其四，公益创业并不限于特定的部门。特别是在社会问题日益复杂的今天，组织之间的合作、跨部门的协同变得日益重要。这也有助于形成合力，提升效率和影响力。

需要注意的是，公益创业虽然促进了一些复杂问题的应对和解决，但也存在一些争议。迈克尔·爱德华兹（Michael Edwards）认为，"在一些人看来，社会企业组成了一个不同于公共、私人和常规非营利组织的新的第四部门；而在另一些人看来，这更像是新瓶装旧酒，重新包装为社会提供的传统服务，也许是争夺更多的资源"（Edwards，2013）。我们需要认识到，作为一个新兴领域，公益创业不是"万灵药"，不能代替其他的传统社会组织。其在发展过程中，还有许多等待解决的问题。例如，如何把握公益创业的责任和使命？如何划分企业的经济利益与社会价值？虚拟的公益企业可以在多大程度上产生真实的影响？这些都需要我们进一步去思考和探索。

【参考文献】

范如国，2014，《复杂网络结构范型下的社会治理协同创新》，《中国社会科学》第 4 期，第 98 ~ 120、206 页。

赵吉，2022，《总体性治理策略：面向复杂社会的城市安全实现逻辑》，《理论与改革》第 6 期，第 96 ~ 105 页。

Ardichvili, A., Cardozo R., & Ray S. 2003. "A Theory of Entrepreneurial Opportunity Identification and Development." *Journal of Business Venturing* 1: 105 – 123.

Boschee, J. 2001. "Eight Basic Principles for Nonprofit Entrepreneurs." *Nonprofit World* 4: 15 – 18.

Edwards, M. 2013. *The Oxford Handbook of Civil Society*. Oxford University Press.

Guo, C. & Saxton G. D. 2014. "Tweeting Social Change: How Social Media are Changing Nonprofit Advocacy." *Nonprofit and Voluntary Sector Quarterly* 1: 57 – 79.

Provan, K. G. & Kenis P. 2008. "Modes of Network Governance: Structure, Management, and Effectiveness." *Journal of Public Administration Research and Theory* 2: 229 – 252.

Thomson, A. M. 2001. "Collaboration: Meaning and Measurement." Indiana University, pp. 267 – 276.

Tschirhart, M. & Bielefeld W. 2012. *Managing Nonprofit Organizations*. John Wiley & Sons, p. 36.

再论日本公共性的变迁：非营利部门的主流化

——读《社会治理视域中的日本非营利组织》

史　迈　孙　琳*

摘　要：与我国同处东亚儒家文化圈的日本有着较为发达的非营利组织制度体系。《社会治理视域中的日本非营利组织》一书系统呈现了这一体系的面貌与实践特征。该书结合若干具体社会治理场景，为我国相关领域深化改革提供了一系列值得深思的经验。受该书启发，本文尝试了一种分析视角的对调——通过聚焦福利服务体系这一相对具体的社会治理场景，以"自下而上"的方式窥探"公共性"在日本社会中的变迁，以呈现非营利部门在其中所发挥的作用以及在社会治理中走向主流的过程。作为该书主题的延伸讨论，本文旨在回应该书有关"公共性"变迁的思考，同时期待能为理解该书的主题和内容提供参考。

关键词：公共性；非营利组织；福利服务体系；日本

---

* 史迈，清华大学公益慈善研究院助理研究员，主要从事社会治理、社会服务、公益慈善方面的研究，E-mail：shimai@ mail. tsinghua. cn；孙琳，同志社大学社会学研究科博士研究生，主要从事社会福利、非营利部门方面的研究，E-mail：sunlinx0202@ gmail. com。

一 该书带来的若干启发

俞祖成所著《社会治理视域中的日本非营利组织》一书，旨在从社会治理的语境呈现日本非营利组织的制度面貌与实践特征。该书在非营利研究领域具有里程碑式的意义。如郭超给予的评价所言，该书是"自王名等编著《日本非营利组织》以来，研究日本非营利部门的最全面、最系统、最深入的学术专著，填补了国内研究的一项空白"。除了对日本非营利组织制度自身的细致评述以外，在笔者看来，该书的一大特点在于巧妙结合国内社会治理的热点话题，将日本在实践中的经验与启示，用深入浅出的方式和通俗易懂的话语娓娓道来。这对于那些并不熟悉日本社会制度体系，但依然对日本非营利组织抱有好奇之心或抱有学术关心的读者而言，十分有用。通过该书，读者总能在一个相对具象且亲切的语境中轻易获得启发，并从中找到问题的答案。这种"易读性"的背后不仅体现了作者在相关议题领域中的知识积累之广，也展现出作者对中日两种截然不同的研究范式的驾驭能力之强。

社会治理是该书用来呈现日本非营利组织制度的主要视域。若借用欧文·戈夫曼（Goffman，1959）的"拟剧论"来形容两者间的关系，则非营利组织可被看作"演员"，社会治理为演员们提供了施展演技的"舞台"，由此产生的"参与"行为便成了"表演"的内容。据此，该书的论述逻辑也可大致归纳如下。前半部分（第 1~7 章）是关于"演员"群像的静态介绍。该部分对应作者所提到的"制度设计"，主要围绕日本非营利组织的整体框架及其中代表性的法人制度展开。该部分的评述并不局限于对当下制度的简单介绍，同样也包括对其"来龙去脉"的整理。与此相对应，后半部分（第 8~13 章）则是将不同"演员"置于不同的"舞台"之上，对其"表演"内容展开的动态分析。该部分对应作者所提到的"制度实践"，主要围绕日本社会治理实践中若干比较有代表性的非营利组织参与活动展开。

从该书内容来看，日本的非营利组织是一个极其宽泛的概念集，除了被称作"NPO 法人"的特定非营利活动法人之外，还包括公益法人等十数种类型。与此同时，日本语境下的"社会治理"这一概念同样十分开放，涵盖了从基层到城市乃至全球事务等不同场景。因此，作为不同"演员"在不同"舞台"上的"表演"大合集，该书涉猎的议题范围实际上十分宽泛。这种宽度不仅展现出相当的学术资料价值，也为我们理解日本非营利组织及其制度提供了十分丰富的层次。尤其是第 2 章"日本公共性的转型与非营利组织的发展"借用"公共性"这一概念，提供了一个有关非营利组织在社会治理大舞台上"表演风格"的独到分析。在该章中，作者将焦点置于作为"演员"的非营利组织与作为"导演"的政府之间协动关系的演变，从而呈现了"公共性"在日本的变迁——从"官民对立型公共性"到"过渡融合型公共性"再到"新公共性"得到大力倡导的当下局面。

该书有关日本"政社关系"的讨论与思考，对当前尚处在改革探索中的我国社会治理来说，无疑具有极大的参考价值。不仅如此，在笔者看来，该书有关"公共性"的讨论也留下了若干耐人寻味的思考：其一，所谓"公共性"，或许不仅体现于"演员"与"导演"之间——除"政社关系"之外，也反映于其"表演"之上——社会治理活动中所产生的"公共性"，实际上也是通过非营利组织的参与来呈现的；其二，社会治理的场景纷繁复杂，所谓"公共性"的演变在不同的"舞台"上实则有着各自的殊相和特征。在某些领域，非营利组织部门参与社会治理的历史实际上远远早于所谓"NPO 法人"的出现。如此一来，关注特定领域的公共性变迁，或许可以成为该书研究主题的一种有趣的延伸。

二　尝试另一种分析视角

受该书启发，本文希望尝试一种分析视角的对调——从社会治理的视角去窥探日本"公共性"的变迁，以一种"自下而上"的方式呈现非营利组织在其中所发挥的作用，以初步探索上述两个问题的答案，为读者对该书的理解提供更好的帮助。但与该书不同的是，本文将焦点置于社会治理这个"舞台"上更为具体的社会福利领域，试图将"福利服务体系"这样一种特定的治理结构作为投影"公共性"变迁轨迹的"幕布"。

正如该书所介绍的，日本学界对"公共性"的讨论集中于 20 世纪 90 年代。尽管不同领域的学者对这一概念有不同程度的理解和反思，但总体而言，有关"公共性"的定义一直未能达成一个相对稳定的共识。究其原因，在很大程度上是因为学者们在讨论"公共性"时，实际上并未明确"公共"的边界。一直以来，人们将"公"与"私"作为构成日本近代社会的两个主要领域（东乡和彦，2020）。在传统的公私二元论中，"公"与"私"被认为是相互对立的概念，其划分一般以是否具备"国家性"为指标（三成美保，2005）。

然而，随着市民社会参与的不断发展，传统的"公私二元论"被认为在实际的社会分析方面具有巨大的局限性（山胁直司，2004）。于是新兴起的公共哲学论说便出现了介于"政府的公"与"民间的私"之间的第三个领域，即"民间的公"，由此诞生了对"公共"含义的全新理解。"公共"介于"公"与"私"之间，既被广泛地理解为与社会部门整体相关的静态含义，又是指"公"与"私"之间相互转换的动态过程（稻垣久和，2010）。据此，"公－公共－私"的三元论取代了以往的公私二元论，成为理解公共性变迁的主流框架。

这种变化巧妙地囊括了社会服务供给体系中的三个主要角色——作为主要责任者的"政策主体"、作为受益者的"利用主体"以及介于两者之间作为服务实际提供者的"实践主体"之间的相应定位（高田真治，1985）。具体来说，"政策主体"一般是指基于法定义务向国民提供社会服务的国家及各地方政府；"实践主体"是指实际提供服务的实体，一般来说，主要是指 NPO 法人、社会福利法人等在相关领域具有服务提供资质的社会组织以及其中的专业人员。此外，"利用主体"

并不单指利用服务的实际使用者，还泛指地区的全体居民。由此，所谓衡量"公共性"的变迁便成为在"公 - 公共 - 私"的三元论中寻求上述三个主体各自涵盖范围与相对位置关系的过程。

三　国家主导的服务供给

战败后的日本在国际社会的引导下，将主要精力置于经济复兴与稳定国民的生活秩序。战后出现的大量失业者和流浪者成为政府工作的当务之急。"救贫与防贫"成为当时福利事业开展的核心。政府出台了（旧）生活保护法、儿童福利法、残疾人福利法等一系列社会福利相关的政策措施，在保障国民最低生活的同时，通过行政方式确立了相关服务供给体系的雏形。之后，随着 1951 年社会福利事业法的颁布，日本确立了战后福利体系的基本框架，尤其是以残疾人和儿童等为对象的福利服务主要通过"措施制度"提供，即民众先向行政部门提交利用申请，再由政府来协调方式，完成服务的分配。

在这个时期，福利服务的供给主要通过两种方式进行。一是由国家或地方公共团体直接运营和提供服务，如基于生活保护法进行的公共扶助服务。在这种情况下，国家既是制定法律制度的"政策主体"，又是承担服务的"实践主体"。二是通过获得官方认可的民间非营利组织（或团体）来提供服务，如依据相关法规，社会福利法人在一些以措施方式展开的服务类型中，可作为由政府委托的实际服务提供者。在这种情况下，国家只制定了提供福利服务的法律制度，是"政策主体"。代表非营利部门的社会福利法人成为"实践主体"，作为委托方进入"福利事业"的范畴，并得到一定的财政资助。

然而，无论在何种情况下，国家在当时的福利体系中都占有绝对支配地位。尽管当时出现了社会福利法人这样的非营利部门形态，但是可以说，福利服务的供给依然是在国家或者公共部门的框架下完成的。而且，残疾人和儿童等作为主要需要人群，只被认为是服务的使用者，仅限于"利用主体"的地位，实际上并没有太多表达自身需求的机会。因此，总体来看，在战后不久的日本，作为"公"的国家通过福利服务供给的方式与作为个体利用者的"私"建立起二元对立关系。仅作为服务"利用者"的"私"在其中单方面接受服务，实际上并没有平等的交流地位。而非营利部门虽占据"实践主体"的位置，在形式上看似与作为"政策主体"的政府一同形成了"公共"的主干，但由于其业务开展在"措置制度"中完全受制于政府调配，并不具备独立性，实际上只作为行政意志的附庸或制度的执行工具而存在。

如图 1 所示，战后不久日本福利体系中实际上并不存在与民间相关的"公共"的概念以及独立的领域，福利体系本质上依然由"政策主体"国家承担。也就是说，战后不久的日本福利体系是在国家责任下完成的，国家作为福利体系的承担者单方面为利用者提供服务，因此这一时期的"公共性"可以从与国家有关的"公共"（official）的意义上来理解。之后，随着社会经济与少子老龄化的快速发展，社会福利不再

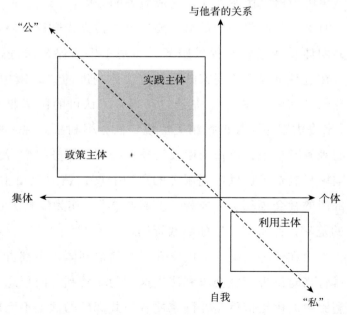

图 1 战后不久日本福利体系中的"公共"

局限于"救贫与防贫"，而是以更广范围、更高质量的生活需要为对象。从 20 世纪 60 年代日本经济高速增长到经济泡沫破裂期结束的 20 世纪 90 年代伊始，福利机构的建设在全国范围内如火如荼地开展，出现了大批民间事业者。这也为之后非营利部门的登场提供了重要的先决条件。

四　非营利部门的逆袭之路

日本政府以 20 世纪 80 年代的社会福利和服务供给多样化改革为契机，提出了"公私功能分担论"，社区福利和家庭福利开始被寄予政策性期待（野口定久，2008）。1990 年，社会福利相关八法完成修订后，福利服务的提供方式正式从重视入住型设施向重视家庭的社区型福利供给形式转变。到 20 世纪 90 年代，社会福利领域的居民参与和居民自治日益繁荣，为了更好地解决日常生活问题，志愿者团体和各类非营利组织开始得到政府进一步的重视（武川正吾，2020），公众参与日渐成为福利事业的主流。值得注意的是，从这一时期开始，公众的参与意识不断增强——人们期望参与某种形式的治理事务，成为"实践主体"中的担当者，而不仅仅作为单纯的利用者一味地接受被政府安排的福利服务。

20 世纪 90 年代末以后，日本积极实行"社会福利基础结构改革"，引进长期护理保险，在老年人福利和儿童福利领域率先发动改革，使"合同制度"取代"措施制度"成为福利服务的新分配方式。福利服务的供给主体以前仅限于行政部门自身以及有资格接受行政委托的社会福利法人。经历社会福利基础结构改革之后，福利领域开始逐步允许 NPO 法人、营利性法人等多种民间运营主体进入，使供给主体的多样化得到了制度上的保证。也就是说，"实践主体"从以往的"受公支配"社会福利法人，扩大到 NPO 法人和营利性法人等更为广泛的民间组织群体。事实上，社会福利法人的民间性也在改革中进一步增强。总体来看，非营利部门在福利体系中发挥的作用越来越大，话语权得到了实时性的大幅提高。

　　促使这个时期福利体系发生转变的另一个外在因素来自"地方分权"的改革——原本属于国家的诸多权限和功能转移到地方，随之也减轻了国家在诸多内政中的责任和义务（真山达志，2018）。不过，地方分权所带来的责任转移毕竟只是央地之间的权力博弈，国家仍然对国民的生存状况和生活保障负有最终责任，而地方政府（自治体）作为民众的"父母官"，不得不亲自操劳起地区居民的生活福利（市川喜崇，2017）。也就是说，在这一时期，福利体系的"政策主体"不再仅仅是国家，大大小小的地方自治体也进入了这一范畴。如神野直彦等（1996）所言，随着"地方分权"程度的加深，福利体系中的"公共性"的解释规则和主张方式不再被国家官僚机构独占，而是朝着"自下而上"的方向不断变迁，也越发依赖民众参与。

　　供给系统三个主体的变化如图2所示。随着供给主体的多样化，作为"政策主体"的国家在整个体系内的作用范围发生了萎缩，而"实

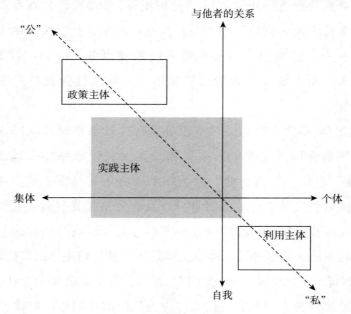

图2　多样化福利体系中的"公共"

践主体"的作用范围得到扩大，以非营利部门为代表的民间力量在整个福利体系中的重要性越发明显。另外，不仅社会福利法人、医疗法人、NPO 法人等非营利组织，包括企业和一般民众在内的民间力量等也开始作为服务的承担者逐渐被纳入"实践主体"的范围之中。与此同时，"利用主体"的范围也扩大到生活上需要支援的人们。"实践主体"的范围随着福利服务供给主体的多样化而扩大。福利事业被当作公众关注和政治博弈的焦点，"公共"与"公"发生分离，成为"私"与"公"之间的动态媒介。

诚如野口定久（2008）所说，"以前的公共性给人的印象，莫过于凌驾于社会之上的公家向民众伸出了救助之手"，而在福利体系多样化之后的"公共性"变迁中，"国家和社会形成了相对平等关系"。所谓福利体系，"也不过是构成社会的人们，通过国家这样的媒介来解决自身相关的种种公共问题"。由此可见，随着供给体系中民间部门的大量参与，"公共性"不再是国家独占的产物，而是多了几分与所有社会成员都相关的、所谓"共同"（common）的意涵。

五　当下正发生的新变化

由此看来，福利体系的改革实质上是由政府部门、民间部门及广大民众的力量凝聚在一起完成的，或者说，多个利益相关者在形成合作的过程中达成了福利体系改革的目标。值得注意的是，利用者从被动走向主动——人们为解决自身的生活需求，也加入了服务生产流程，改变了服务的生产模式和质量，在其中起到了不可忽视的作用（Pestoff，2019）。社会包容是现代社会的一大特征。为了解决今后逐渐多样化的福利需求和新出现的社会风险，福利服务就必须以人为本，不断创新。尤其是在解决社会复杂问题、提供个性化服务方面，利用者也被认为是合作形成不可或缺的主体之一（史迈，2021）。

近年来，福利服务的供给越来越倾向于发掘利用者身上的积极意义，诸如此类的实践，如大阪府的南医疗生活合作社、滋贺县的缘分创造实践中心等案例，也逐渐进入学者们的视野（齐藤弥生，2020；谷口郁美，2020）。在这种趋势的影响下，"公共"仍然是由"私"向"公"不断传递的动态概念，而原本作为服务供给"客体"的利用者也成为"实践主体"的一部分，加入了服务生产的过程。有关"公共"，我们分析到的新变化如图 3 所示。为了应对新出现的生活风险，使福利体系能够满足民众任何类型的生活需要，"实践主体"的范围正在进一步扩大。这种扩大不仅体现在非营利部门与政府之间产生更多的"协动"（如该书第 7 章"日本非营利组织与政府的合作伙伴关系"所言），也为民众参与提供了一个更广阔的场域。仅从福利体系的变化来看，当前日本社会宣扬的所谓"新公共性"不仅仅与每个社会成员的生活福祉相关，更重要的是，其向所有社会成员传递出公共事务"欢迎每一个人参与"的开放姿态。

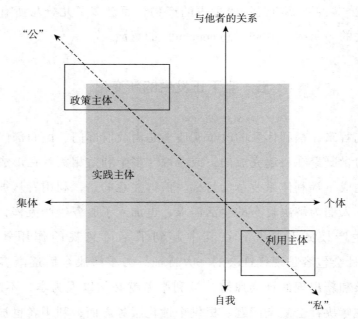

图 3　能够应对新社会风险的社会福利中的"公共"

综上，受该书有关非营利组织的社会治理参与尤其是日本社会

"公共性"变迁问题的启发，本文着眼于福利体系的三个主体，以"公－公共－私"三元论为轴心，在明确"公共"领域变化的基础上，探讨了福利体系中"公共性"概念的演变。总体来看，在战后不久的日本，福利体系受到国家的把控，"公共性"主要表达与国家有关的"公共"（official）的意涵。之后，随着少子老龄化、经济发展迟滞等外部社会形势的变化，福利体系改革成为公众关注的焦点，"公共性"不再由官方独占，而是转变为与所有民众息息相关的"共同"（common）意涵。另外，在当前生活需求越来越多样化的情况下，服务利用者在生产过程中的积极意义受到越来越多的关注，在"实践主体"不断与"政策主体"和"利用主体"交融的过程中，"公共性"也正在超越"共同"的范畴，朝着越来越开放（open）的意涵演变。

回到该书所关注的研究对象上来，尤其值得一提的是，在"公共性"发生变迁的过程中，承担调节福利需求和服务供给功能的"实践主体"尤其是非营利部门的范围在不断扩大。更为直接地说，今天承担福利体系"公共性"的实体实际上就是在服务供给一线的社会福利法人、NPO 法人等组织。由此也可以看出，无论从何种角度去理解"公共性"的含义，至少在日本语境下，其都脱离不开对作为"主角"的非营利部门尤其是其"制度设计"和"制度实践"的关注。当然，这也再次印证了俞祖成所著《社会治理视域中的日本非营利组织》一书对了解日本社会治理的特征、理解"公共性"的客观变迁规律的重要性。

【参考文献】

稲垣久和，2010，『公共福祉という試み：福祉国家から福祉社会へ』，中央法規。

東郷和彦，2020，「公共論はなぜ輝いているのか」，載中谷真憲・東郷和彦編，『公共論の再構築 – 時間/空間/主体 –』，藤原書店，第 11 – 24 頁。

高田真治，1985，「社会福祉サービスの供給システム－構成要件とマネージメント－」，『関西学院大学社会学部紀要』50，第 31－43 頁。

谷口郁美，2020，「共生社会を作る地域福祉実践の新たな手法」，載上野谷加代子編著『共生社会創造におけるソーシャルワークの役割：地域福祉実践の挑戦』，ミネルヴァ書房，第 163－177 頁。

斉藤弥生，2020，「『共助』再考とニュー・パブリック・ガバナンス」，載上野谷加代子編著『共生社会創造におけるソーシャルワークの役割：地域福祉実践の挑戦』，ミネルヴァ書房，第 37－64 頁。

三成美保，2005，『ジェンダーの法史学－近代ドイツの家族とセクシュアリティ－』，勁草書房。

山脇直司，2004，『公共哲学とは何か』，ちくま新書。

神野直彦・辻山幸宣・坪郷実ほか，1996，「分権は，なぜいま必要か」，『世界』625，第 43－62 頁。

史邁，2021，『協働モデル：制度的支援の「狭間」を埋める新たな支援戦略』，晃洋書房。

市川喜崇，2017，「日本における中央－地方関係の展開と福祉国家」，『社会保障研究』1（4），第 797－812 頁。

武川正吾，2020，「地域福祉の主流化その後－地域福祉と多文化共生社会－」，載上野谷加代子編著『共生社会創造におけるソーシャルワークの役割：地域福祉実践の挑戦』，ミネルヴァ書房，第 19－36 頁。

野口定久，2008，『地域福祉論－政策・実践・技術の体系－』，ミネルヴァ書房。

真山達志，2018，「地方分権のあゆみとこれからの地方自治」，『都市とガバナンス』29，第 1－6 頁。

Goffman，Erving. 1959. *The Presentation of Self in Everyday Life*. Anchor.

Pestoff，Victor. 2019. *Co-production and Public Management：Citizenship Governance and Public Service Management*. Routledge.

数字化转型＋变动思维：社会组织带头人激发人员发展潜能

——访无锡新吴区九色公益服务中心创始人邢军

吴晓吁

访谈时间： 2022 年 10 月 26 日 20：00～22：00
访谈地点： 上海西华宾馆
受访者： 邢军（无锡新吴区九色公益服务中心创始人）
访谈人： 吴晓吁（上海交通大学国际与公共事务学院博士研究生）

【无锡新吴区九色公益服务中心简介】

　　无锡新吴区九色公益服务中心（以下简称"九色公益"）是苏州社会组织促进会唯一跨市域会员单位。它成立于 2014 年 1 月，成立后 3～4 年起色不大，很少接到业务、拿到项目，资金捉襟见肘，发展困难。但自机构 2019 年成立党支部并对发展布局、策略、方式、机制等做出重大调整后，以党建引领推动发展理念创新、服务转型、机制激活、数字赋能，为九色公益服务社会、超越自我提供强大的动能，使其核心竞争力、社会影响力、服务满意度得到大幅提升，取得骄人业绩。目前，九色公益在无锡市、苏州市、泰州市成立了 9 家机构、2 家企业，全职员工 33 人。其中，本科以上学历 21 人，持证专业社工 12 人，其他专业背景 12 人。机构年服务额从 2019 年的 700 万元增长到 2021 年的 2100 万元。2022 年 1 ~ 9 月，服务总额达到 2600 万元，翻了近两番；员工年人均服务额从 2019 年的 15 万元增加到 2022 年的 76 万元，年增长率达到 81.33%。2021 年，九色公益作为唯一的社会服务机构获评"无锡高质量发展先进集体"。

【人物简介】

邢军，男，无锡新吴区九色公益服务中心创始人，无锡市志愿者协会副秘书长。他自 2006 年开始从事义工工作，早期以社工慈善事业为主，和同人一起助残助困，当前工作重点为推动组织进行数字化转型，以提高公共服务水平。

吴晓吁：邢主任，您好！特别感谢您接受《中国社会组织研究》集刊的访谈。首先想请问您关于九色公益的一些情况，当前主要的组织架构是怎样的？

邢军：九色公益整体的组织架构是网络式分布的。我们现在提倡"不驻点办公"，即自由办公。因为我们觉得工作都可以通过数字化通信在网上的连接解决。还有就是数据，我们最重要的工作其实是获得数据。机构自己设置了网络存储器，也叫网络专线，以进行数据存储交换，使整个机构可以不实体化做项目。

吴晓吁：机构的数字化场景应用比较丰富，各个项目之间是按照不同的数据逻辑在推进的，您有没有考虑搭建一个整体的云平台？

邢军：我们搭建的纳斯就是这样的云平台，现在我们预备自主研发一个不用华为的平台，因为原先的方案机构不能统一管理数据。现在搭建的为网络专线，我们一般上网都是虚拟动态的 IP 地址，网络专线是一个固定地址，将存储器和服务器整合在一起，整个存储容量目前为 160T。移动端为 100M 的宽带网速，使用者可以同时下载和上传，不会出现随着使用者人数的增多而网速降低的情况。

吴晓吁：从组织成立到现在，您在不同组织时期的战略目标有不同吗？

邢军：有不同，最根本的使命每年都是一样的，就是为了生存，然后在这个过程当中不断地变更。最初我们是为了兴趣爱好，而且想做公益，觉得挺舒服，那就去做。后来，义工项目不持续，就考虑成立民办非企业单位，之后考虑承接项目，通过创投承接居家养老服务中心，还有残疾人公疗站。但这些项目人均费用低，机构生存困难。因为这些项目没有那么重要，需求量没有那么大，所以现在机构转向关注委托人的焦点、痛点、难点，做急需的项目，那么机构就有了突破。一是跟别人会有差异性，二是与委托方之间就有议价权。在 2018 年和 2019 年的时候，机构的主要工作是社区治理。然后从 2019 年开始，机构转型，承接大数据的测评工作，涉及公共服务领域。在这个阶段，我们接触了大量的数据，做好了人员的调配整合，提高了效率和精准度，同时进行数据的留存和处理。这就势必涉及数字化，因此机构的重点发展方向是数字化，通过开发小程序和一些数字工具来提高效率。但是再往后发展我们就会发现，在获得数据的同时，这些数据经过分析之后价值会更大，所以机构现在又要开始进行数据分析。

吴晓吁：您是经过怎样的考虑才选择让机构走向数字化发展方向呢？

邢军：我一开始并没有往这个方面想，只是承接了一个项目。委托方有这个需求，我们做了之后误打误撞发现这是一条路。于是我们慢慢越做越大，不断研究深入。我们当时承接作为无锡市文明城市测评的第三方之后，文明办提出建一个数据平台的需求。当初我们觉得挺新奇，就开始尝试建立这个平台。第一次正好是疫情发生的时候，2020 年我们都在家。等进行了大概两三个月，我们发现这个平台设计概念在实际操作当中有问题，于是我们就把它全部推翻，从头再设计。一直到第二版，平台运作起来才有效。

吴晓吁：您在推进机构向数字化发展的过程中遇到的最大障碍是什么？它是理念上的问题还是技术上的问题？

邢军：最大的困难是让所有成员习惯这种对新事物的尝试。例如，团队成员以前习惯了做服务，突然之间转为进行工作整合、数据分析，那么有些人的观念就转变不过来。他觉得我自己能动手的，为什么要指挥别人动手？还有一个困难就是对数字化的方向，团队成员要想好做到什么程度。有的人说，反正我们已经做了平台，就这么做下去挺好。而有人认为，现有项目可以直接复制。我们不是科班出身，虽然我们有这样的想法和思路，但是做出来的成果从技术层面来说还是太浅。我们还在想办法继续投入研发，不断提高其实用性和简便性。

吴晓吁：从 2019 年起，机构每年对数字化的投入大概有多少？您怎样评估机构目前的数字化发展现状，取得您预期的效果了吗？

邢军：2020 年最开始采购的平台项目金额大约为 30 万元，2021 年涉及软件方和数据方的投入在 100 万元，2022 年投入研发和数据的资金统计下来服务金额为 300 万元。因为有的委托方没有要求平台，需要机构自己投入资金找开发，但是有的项目本身就包含配合制作软件，资金的来源不一样。从以前被动地完成委托，到 2021 年开始推荐给委托方开发，2022 年机构更多地向委托方推荐。而且我们做得多了之后，在各种条件下不同场景运用的想法还可以融合。因为我们的委托方很多都是政府部门，政府部门做事的底层逻辑是一样的。我不能说机构数字化最后要进行到什么程度，但是我能肯定今后的社会趋势就是数字化，所以我们要尽力往上靠，否则我们的机构就可能因跟不上时代而被淘汰。我们懂技术和 IT 的人员很少，但这些人接触了数字化的项目，他们就多了一分能力。现在做项目不成功是正常的，成功都是偶然的，所以只要有一点成就，我都觉得挺满意的。我也会不断督促成员们进行想法和思维的交流。

吴晓吁：您的近期和长期目标是什么？机构有数字化的目标和具体计划吗？

邢军：我们 2022 年的第一个目标是对我们机构人员的要求。我们需要不同的项目组去熟悉软件数字工具，了解其应用和设计。虽然都有大量的投入，但是不同项目组的结果不同，有的投入很多人力获得了成功，有的不需要多少人也成功完成了。我的目标就是让机构的人员都能熟悉数字化开发的思路。很多人以前只是靠自己动手去服务，现在他的工作变成了用数字工具来解决自己工作场景的问题。另一个目标是 2023 年我们要实现机构所有人员全工作流程的数据化。我们不要求现在全部智能化，或者经过数据分析产生多大的价值，但起码要全部有数据。工作每个环节都要产生数据，这个数据要通过设备和技术上传到机构的服务器进行保存，让它们精准实时可追溯。

吴晓盯：机构的人员构成、学历背景有要求吗？有信息技术背景的人多吗？

邢军：之前我觉得我对人员的学历背景没有什么要求，但是事实上再往下发展，我们对这种学习型的人员要求肯定越来越高。以前机构是实用型，可能更多不讲学历，不讲资历，也不讲年龄，但是机构人员对数字化业务理解接触多的肯定不一样。对确实跟不上的人员，机构可能就给予一些补偿进行协商劝退，他们也可能承接机构中一部分已经不做的业务。机构可以入股成立公司，把机构发展到现在不太会涉及的业务承接给他。例如，以前在社区组织人员上门跑票征集意见的业务，还需要培训好上门要怎么说话，怎么收集意见，而现在这已经不是我们机构专职人员的事情了，已经转移给原先的兼职助理，因为他成立了一家公司，专门负责这类业务。

我们机构效益最高的其实也是社工专业毕业的人员。第一，这些社工背景的人员擅长梳理流程；第二，社工的工作风格都比较柔性，他们会换位思考，同理心强；第三，社工对文案的处理工作也会比较熟悉；第四，社工对事务的处理和学习能力也很适合现在这种发展模式。但是社工背景的人员也有不适合的方面。现在的社工专业是一个舶来品，本土化程度不高。我们所面临的问题就是场景的不同导致大家的思维有点受限，而且刚从学校出来的人员缺乏实践经验，也会认为就应该按照模式来套。但事实上社会事物是千变万化的，同样一个现象，成因不一样，处理方式也会因事而异。思维能转换的人员就会比其他专业的更合适，而思维无法转变的人员可能就不太适合我们机构。

吴晓吁： 您怎么判断团队里的员工适不适合机构的发展要求？有没有考核的标准？

邢军： 年底的时候，各事业部都会进行汇报，我会和这些人员进行谈话，了解他对自己的工作有没有思考，对未来的发展或者对技术的提升和机构的要求理不理解？这些东西是不需要 KPI 考核的。因为有的区域项目其实是延续下来的，随便谁来对接、做成什么样都能继续合作，有的区域项目量可能就是不大。考核标准是能做的，凑标准总归是好凑的，但是这不是机构考核的目的，我们要的是未来的发展。问一问现在做的工作以及工作中的场景细节，就可以了解他的工作到底做得如何。例如，我们今年最好的一个事业部，今天给我列了 8 个名单。这个事业部的名单人数最多的，团队 1/2 的人全部进入观察名单。绩效考核其实不需要负责人去设定一个固化的标准，因为个人的团队肯定找最合适的方法来挑选人。事业部定期上报观察名单，我到年底和这些观察名单上的人员聊一聊。这就是我们机构的考核。

吴晓吁： 您最看重应聘者的哪些特质？

邢军： 新加入机构的人员，尤其是刚从学校里出来的毕业生，一开始还谈不上解决问题，因为有的人根本没有遇到过这种问题。首先，我们最看重的是坚韧。坚韧的人遇到困难会咬牙坚持。有的时候他比别人多坚持一分，他就会成功。除了坚持之外，我们还看重思维灵活变通。思维灵活变通的人会审时度势，跟着形势转变，不会死脑筋。

吴晓吁： 之前您做志愿服务时遇到过什么问题吗？是否因为在志愿服务过程中有这些问题存在，您才会转变观念，逐渐促成了九色公益的一些变革？

邢军： 我以前是做营销的，在无锡市自己运营房产中介，但是做房产中介的时候我经常遭遇吵架，因为房东违约或者我违约，所以我也会经常去派出所调解。后来有一个女孩子，有些不务正业，头发都是黄的，她母亲带她来，说帮她找工作，不管什么工作都行。我带她去把头发剪短染成黑色，介绍她到一个厂里去打工了，过了两个月那个女孩子来找我说她工作得挺好，以前一直在瞎玩，现在工作挺好，都有男孩子在追她，现在收入也好，还当了小班长。当时大概是 9 月份介绍她去的，11 月份她来找我的，隔年的 2 月份她母亲来找我，哭着说这个女孩子得了绝症，估计就只有 3 个月时间了，即使她母亲哭诉了之后，这女孩子还来找我，在憧憬她生病好了怎么干。当时你去看一个你明知道要过世的人，然后她再告诉你未来的希望，还是很有感触的，再过一两个月去看她，她父母还哭着说要救救她。后来人还是没了，那个时候才知道其实这个孩子是亲生父母塞到火车上遗弃被现在父母捡来的。因为当时已经记事了，养父母成了拆迁户，但都在当清洁工也没带她，所以这个孩子很叛逆。当我看到一个比较叛逆的人想要变好，结果却没有机会的时候，我感触比较深，所以 2006 年我就报名参加了义工。参加义工就是看看老人、看看孩子，接触以前没有接触过的人。而且各行各业的人聚集在一起，过得也比较开心。2009 年，我就做了秘书长，但我发现做义工组织的负责人也很辛苦。因为我是做营销出身的，市场思维比较重，我就会思考，我投入这些时间和精力到底能给服务对象带来什么？我觉得短暂地去看一个老人，简单地安慰几句，送束花、吃个蛋糕、过个生日，对他能长久地起到我们自己想象中的作用吗？我对此是持疑问态度的，因为服务对象的实际环境没有发生改变。还有这个社团事务繁忙，导致我没有精力顾及自己的中介所，但我又需要经费，因此我还是不能放弃主业。可人的精力是有限的，所以整个社团也发展不起来。

后来上海临汾街道的李明辉老师来无锡市介绍经验。他讲道，原先临汾街道的活动中心每年投入 300 万元运作还亏本，后来中心招了他去运作，他以各种想法吸引居民活动，同时发挥居民的特长把活动中心搞活，于是活动中心在他手上不仅不再亏钱，还有盈余。我发现这是一条新路径。这和商业思维也是不一样的，因为商业思维是我付出多少就要获利多少，但是社会工作的很多工作思维跟企业思维是相反的。我觉得这是一个方向，于是后续我开始承接慈善超市，成立民办非企业单位，也就是现在的九色公益，再承接项目，从公益创投开始一直发展。

吴晓吁：您开始做公益创投时遇到过什么困难吗？机构早期是如何接到项目的？

邢军：困难太多了。一开始我们连项目书都不会写，当时恩派做的项目书，我们连复制都不会。我们根本不知道项目要设计前后目标，还有中间的过程、流程升级、满意度、测量表，等等，所以我们只能不断找人学，然后不断尝试。公益创投项目都是申报的。无锡市第一届和第二届创投都是我们以欢乐义工组织的名义去申报的。九色公益的前身其实是我们义工承接的一个残疾人公疗站的项目。组织里有一个义工的网名叫"九色"，我们就起了"九色驿站"这个名字。后来在成立民办非企业单位的时候，我们就直接叫它"九色"了。"九色"这个名字就是这么来的，没有其他含义。九色公益的发展思路也不像其他机构一样先把很多愿景搭好，我们就是慢慢来。在这个过程中，我们也不知道未来是什么。我觉得我们应该能做出来一些事情，但什么时候能做出来我也不知道，反正我们先去做。

吴晓吁：九色公益最早的创始人是怎么聚集在一起的？

邢军：九色公益的两位创始人是原来一起做义工的朋友。在欢乐义工这个机构，我是第二任秘书长，他是第三任秘书长。他以前是做助残工作的。他的手有残疾，我自己也患有癫痫。所以对我来说，对残疾人最大的公平就是对他有同样的工作要求，并且只要他能完成，就让他得到公平的收益。

吴晓吁：在招标的时候，九色公益与社会组织相比优势在哪里？九色公益和那些专业的 IT 企业相比优势又在哪里？

邢军：我们现在不参加民政项目，不和社会组织竞争，基本都是和企业竞争。我们的主要优势在于处理事务非常灵活，每个事业部都可以自行决策，机构的组织架构很平。一个项目在一个大企业走完流程需要一个月，要申请经费，做可行性分析，而我们 3 天就能出方案。

吴晓吁：您会认为类似于海尔的创客模式的小型或者中等规模的社会组织可以发展得更好吗？

邢军：现在很多社会组织规模很大，但是剥离开来看，这些社会组织和劳务派遣公司没有什么区别。一个 500 人的机构可能人均年服务额只有十二三万元。那么多年轻人包括有经验的社工，这些人员的价值能不能发挥出来？这种小微模式将机构拆解成小的团队，每个团队都具有创业性。小团队自身制定目标，就更有凝聚力。这就是创客模式，以前日本叫阿米巴模式。组织的结构已经发生变化，有政党式的，也有宗教式的。企业是一个组织，社会组织也是。组织形态各异，但是我觉得再往下发展它们都会发展为共享式的、网络式的。以前志同道合的人在一起反复地对接和碰撞，现在网络使信息共享更加容易了。我们与其被动接受，不如主动转变来应对。

吴晓吁：九色公益的经验对于其他组织而言是不是很难复制？

邢军：所有成功都是很难复制的。我不是说我成功了，但是我觉得，看别人成功的经验，不如看别人失败的经验。少失败一点，可能就也离成功更近一点。多看一些失败的经验和问题的解决，自己遇到问题时可能就会快速成长。只关注别人的成功，结果可能就会倒下。很多机构都是倒在快速扩张的路上的，所以我对机构能发展到什么程度没有要求。最重要的一点就是，我要做我喜欢做的事。

吴晓吁：您心里对数字化投入设有一个上限吗？

邢军：我没有设限，只要机构能承受，我就肯定往上投。但是有一点，我们不会去做技术上创新的、太超前的事情。我们既不是投资公司，也不是软件公司，很难吸收别人跟我们去投资、搞研发。因为投资一家民办非企业单位搞研发，今后也得不到收益和分红。所以我们会找一些已经成熟的软件公司，投资它们来做研发。我前不久在跟设计智能识别的软件公司商谈，我们入股一家新的公司，然后由这家新的公司去平衡我们之间的利益关系。

吴晓吁：您觉得九色公益的发展是得益于无锡市"小政府，大社会"的社会组织管理模式吗？

邢军：是，也不是。无锡市对社会组织管理、对我们的条框限制确实比较少。第一，这可能跟我的日常风格有关，因为我从 2006 年就开始做义工工作了，我日常也一直会发朋友圈，汇报我们公司在做什么。这种信任可能已经十几年了，大家看到这个人一直在做这件事儿，一直在做社会服务，就会对他有信任。第二，我一直保持着信息公开。我告诉他们我辅助社会治理，做数字化，让大家知道我开展工作的地方以及开展工作的模式。我的朋友圈只跟工作有关，基本上没有我的个人信息，因为我不需要别人知道我的生活。当年我做义工时候对接的很多人，十几年前刚进系统，现在可能已经在领导岗位了。他们看到我十几年来都在做社会工作，就会对我有信任感。我觉得信任感不足也是我们机构在苏州发展没有那么好的原因之一。我不谋求做大做强，因为机构扩张了风险就会来，烦恼也会增多。如果我们机构有人想要做大，我希望是年轻人，因为年轻人可能有发展的前景和拼搏的愿望。我对机构的人说，我再做三年就把机构交给他们年轻人。

吴晓吁：您觉得九色公益这个模式对其他组织进行数字化转型有借鉴意义吗？您能否给大家提供一些建议？

邢军：我觉得我只能把我的经历讲述出来，但是各个组织有各个组织自己的考虑。这主要是看带头人是怎么判断自己机构未来发展的，他又是如何判断他们的主要业务类型和这些业务所处的场景的。如果一个组织要进行数字化转型，一定要由带头人主导，不能由别人主导。因为只有带头人想做，他才会动员整个机构各方力量让劲儿往一处使，其他人都做不到这件事。另外，他还需要推动整个组织理念的转变。一个组织要进行数字化转型，最大的问题不是资源，而是人员的思维和认知的改变。原先通过劳力能够做到的事情，现在需要动脑设想整个环节，考虑中间的责任和权力如何分配，这样对人的要求就有区别了。还有一点就是要有闭环思维。设计软件就需要闭环思维，要考虑到各种可能的意外出现怎么办。所有事情都不是一下子就能做成的，但是在前端要进行设计闭环，对人的要求其实是越来越高的。无法达到要求的人怎么办？以上这些都是想要进行转型的机构要考虑的。

以枢纽型社会组织为基点 促进行业健康有序发展

—— 访苏州市社会组织促进会会长胡跃忠

朱志伟　熊元铱

访谈时间：2023 年 1 月 31 日 14：30～17：30

访谈地点：苏州市烽火路 80 号 2 楼 201 室

受访者：胡跃忠（苏州市民政局二级调研员，苏州市社会组织促进会会长）

访谈人：朱志伟（苏州大学社会学院副教授）、熊元铱（苏州大学社会学院硕士研究生）

【苏州市社会组织促进会简介】

苏州市社会组织促进会系全市性、联合性、枢纽型社会团体，江苏省 5A 级社会组织、江苏省示范性社会组织。2011 年 11 月，该促进会由苏州市民政局联合市科协、市总商会、市体总、市文联、市社科联、市志愿者总会、市慈善总会、市工经联 8 家社会团体共同发起成立，功能定位是全市社会组织党群服务中心、创新赋能中心、协同发展中心。2021 年 10 月和 2022 年 11 月，该促进会成功主办第一届、第二届"长三角社会组织协同发展苏州大会"，第一届大会获评"2021 年中国社会组织十件大事"。

【人物简介】

胡跃忠，男，浙江建德人，原苏州市民政局副局长，现为苏州市社会组织促进会会长，市政协专家咨询委员会成员、二级调研员、中级社工师。2011～2020年，他分管全市社会救助、政策法规、公益慈善、社区建设、社会组织和社会工作、信息化等工作。2016～2020年，他策划开展苏州市城乡社区治理"全科社工""智慧社区""协商共治""跨界合作""社区服务社会化"等五项改革，获评江苏省基层治理创新奖，并应邀在全国社会工作座谈会、"2020中国民政论坛"交流发言。他在省级以上刊物上发表党政信息、调研成果50余篇。

朱志伟： 胡局，您好！非常感谢您接受《中国社会组织研究》集刊对您的访谈。我们知道您之前是从苏州市民政局副局长的岗位上退下来的。您可以简单介绍一下您从政以前的个人经历吗？

胡跃忠： 我从政前是一名军人。28年的军旅生涯使我在人民军队这所学校里得到锻炼成长。2007年初，我转业到地方工作，因在部队多年从事保卫工作，所以我转业首选的职业是公安，但未能如愿，又机缘巧合到了民政。按惯例，军转干部到地方办理移交差不多需要一年，通常年初转业，年底到新岗位报到，但我只在家待了3个月，2007年5月就提前到市民政局"上岗"了。因为尚未办理正常手续，我既没有职位，也没有工资，工作纯属志愿服务。我主要在市民政局办公室协助做专题调研、信息宣传等工作，这也是我擅长的。我在部队期间多年从事宣传文化工作，发表过几十篇新闻稿件。虽然我是"义工"，但正是这半年多的时间，使我有机会熟悉了解民政领域各个方面的业务，提前进入情境、转换角色，为日后开展工作奠定了基础。2008年1月，组织任命我担任苏州市民政局办公室主任，这时，我对全市民政系统运行和各项民政业务开展已基本熟悉，驾轻就熟。2011年11月，经组织部门"公推公选"，我由副处级调研员提拔为市民政局副局长，头三年分管社会救助、公益慈善，第四年起分管社区、社会组织、社会工作（简称"三社"）。

朱志伟： 转业到地方工作后，您是如何与社会组织结缘的？

胡跃忠： 最早"零距离"接触社会组织、社会工作还是我在做局办公室主任期间。2009年春，我们苏州市民政系统组团到珠三角城市学习考察民政工作。当我们考察深圳某社区时，一位挂着"鹏程社工"胸牌的社工小伙给我留下了深刻的印象。从他对社区情况富有情怀的介绍中，我头一次听到"社区营造""社区照顾""个案工作""专业督导"等一堆新词汇，头一次了解到社区服务可以委托"第三方"提供，也头一次实地了解社工组织是如何在社区做项目的。近一小时的"陪伴式"参访中，这位年轻的社工对社区底数、居民需求、服务项目、取得成效如数家珍、娓娓道来，这既让我惊叹，也从此在我脑海里烙下了社会组织、社会工作印记。不仅民政工作，整个社会事业都需要引入社会力量参与。还有一件事，2009年下半年，根据局领导的指示，为苏州市姑苏区（原沧浪区）首创的"虚拟养老院"（又称"无围墙养老院"）申报民政部科技进步奖。因上级对申报材料质量要求高，在区民政局提供的基本材料的基础上，我又专门到承接"虚拟养老院"服务民非组织——沧浪"居家乐"养老服务中心（也是苏州最早承接养老服务的社会组织）实地调研。展示在我面前的完全是企业化管理、市场化运作、社会化服务、信息化支撑的新型养老服务模式。后来，苏州民政申报的"虚拟养老院"项目顺利获评民政部科技进步奖。我从中深度了解了社会组织是如何建立、如何运作、如何提供服务的，而且我完全相信社会力量能够做成事、干大事，可以弥补体制内资源不足、力量不够、专业化水平不高等缺陷，在实践中拓宽视野、转变观念。这对我后来在分管社区、社会组织和社会工作等领域时，积极引入和推动社会力量参与有很大帮助。

朱志伟： 您当初为何要策划和推动社区服务社会化改革？社区服务社会化的核心是什么？驱动实施的背景和原因又有哪些？

胡跃忠：2017 年，苏州市在全省率先开展的城乡社区服务社会化全覆盖试点，是苏州市城乡社区治理同步开展的"五项改革"之一，也是难度最大、投入最多、覆盖最广的改革项目，计划用三到五年时间，将试点覆盖到全市所有街道和 1/3 以上的村（社区）。市本级投入超过 5000 万元，全市总投入超过 1 亿元，项目核心是根据街道、社区治理和居民服务的不同需求，把适合社会组织解决的问题和提供的服务，采用购买服务的方式，依法依规地委托给社会组织提供和解决；服务事项涉及街道、社区层面的治理难题，如文明养犬、文明楼道、出租房管理、安全隐患消除等，更多是社区居民层面的为老、为小、为残、为困境人群提供个性化、多元化服务，助力提升社区治理和服务效益，提高居民群众的获得感幸福感。实践证明，这一改革方向、方法和路径是正确的、成功的。各项指标如期实现，与党中央、国务院后来陆续出台的城乡社区治理、基层治理政策法规相吻合。这一改革既最大限度地满足了基层治理、城乡社区和居民群众的需求，又极大地推动了社会组织特别是专业社工机构的成长成熟。

我们策划和推进这项改革，不是空穴来风，更不是哪个人"创造"的。这项改革适应形势发展、现实需求应运而生，并且在实践中总结、继承中创新、发展中完善。2012 年，苏州市民政局在全省率先开展"公益创投"试点；2012～2016 年，每年拿出 1000 万元资金，支持近百家社会组织为社区提供各类公益服务近百项，直接服务群众过百万人次，培育了一大批创新型、治理型、服务型社会组织，丰富和活跃了社区居民的物质文化生活，为推动社会力量融入社区治理探索了路子，积累了经验。但在实践中我们也发现，这项制度设计需要改进、提升和完善。主要基于对历时 4 年公益创投的综合分析，我们发现其中存在单个项目"资金少、周期短、受益面窄、分布不均和专业度不高"等缺陷。根据公益创投规则，单个创投项目资金不得超过政府采购 15 万元标的上限，项目周期一年，实际服务时间不足 10 个月，且服务人群有限，通常只有十几个人或小十几个人参加。项目主要落地在中心城区，在城乡接合部特别是农村社区鲜有落地。据统计，在 4 年 4000 万元的投入当中，近一半资金落在姑苏区的 78 个社区，而姑苏区有 168 个社区，农村社区基本没有项目。由此可见，项目分布不均和城乡社区"一头热、一头冷"的问题客观存在。同时，由于对参与创投的社会组织没有专业设置要求，专业社工机构参与创投无优势，且人工成本大于其他社会组织，参与积极性不高，每届创投承接的服务总额只有一二百万元，这对专业社工机构的发展推动不大。进一步分析发现，公益创投项目城乡分布不均的原因如下：一方面，社会组织大多集中在城区中心，到边远的农村开展服务交通成本过高，机构难以承受；另一方面，一些街道、社区干部思想观念滞后，不信任也不接受社会组织参与社区服务，认为社会组织进社区、进楼道、进家庭会"多事、找事、添乱"，即便有社会组织愿意到任何社区提供服务，也大多被婉拒。也就是说，公益创投项目最终落地在哪里、如何提供服务，不是社会组织能够决定的，而是社区"说了算"。发现需求、服务需求的"皮球"在社区受益方，而提供服务方的社会组织须按照社区意愿决定能否提供服务。如果社区不接受，那么社会组织就无法进入社区，这就是公益创投制度设计最大的缺陷。所以，我们认为，需要对公益创投制度规则做出重大改革和完善，既要增加投入、延长周期、扩大覆盖、提升专业，又要统筹设计、集中购买、统一规范。社区服务社会化不是社区决定"要不要做"，而是政府推行"必须做"，以此推动社区服务社会化试点在城乡社区全面落地。为此，2016 年初，我们分两步开展大调研：第一步是"沉到底"，下到苏州市各市区、各模块调研基层治理和城乡居民现实需求和服务需求的创新实践，发现张家港市、昆山市和苏州高新区已经有少数街道采取"打包服务"模式，把若干个服务项目集中委托给一家专业社工机构，服务周期 2~3 年，项目资金突破 15 万元上限，专业社工机构派遣驻点社工，全日制提供"量身定制"的专业服务；第二步是"走出去"，先后到上海、广州、深圳等地学习考察，重点学习借鉴上海市社会组织孵化培育基地打造以及广州市、深圳市统一向专业社工机构购买服务，驻点社工常年入驻街道和社区提供"清单式"服务，尤其是广州街道打包的家综模式和深圳社区打包的社服模式，对我们探索建立"街道打包、社区落地、集中购买、统一规范、专业团队、专业评估"的具有苏州特色的城乡社区服务社会化全覆盖试点借鉴最多、启示最大，最终促成了市委、市政府决策部署和高位推动、全面展开。2016 年，苏州市政府首度发文《关于全面开展城乡社区服务社会化试点》，先期投入 540 万元，启动 9 个街道首轮试点。2017 年，再度发文《关于扩大城乡社区服务社会化试点》，把 9 个街道试点扩大到 18 个。2018 年，又一次发文《关于开展新一轮城乡社区服务社会化试点》，实现了姑苏区、工业园区、苏州高新区"三区"街道全覆盖，项目资金从 540 万元提高到 3400 万元，项目周期从一年延长到三年，项目设计从最初的街道"4＋1"、社区"3＋2"的"定制式"服务，发展到梳理 9 个大类、10 个中类、百余个小项的"菜单式"、按需勾选提供服务。2016～2020 年，全市城乡社区服务社会化试点总资金投入从首年的 5000 万元增加到每年投入 1.5 亿元。

朱志伟：这项改革给苏州市社会工作服务机构发展带来可喜变化，其主要因素是什么？

胡跃忠：是的，变化很大。改革前，苏州全市有实力、有能力的专业社工机构不足 20 家，全职社工不到 200 人；改革后，全市专业社工机构发展到 138 家，全职社工超过 1600 人，为后来实现民政部提出的"街道有社工站，社区有社工室"的"两有"目标全覆盖提供了有力支撑。可以说，苏州市早于全省 5 年推进社区服务社会化进程。苏州市专业社工机构为什么能在短期内如此迅速发展？原因可以总结如下：一是加大资金投入力度，完善了政府向社会组织购买服务制度；二是开放供给市场，先是向全省开放，接着向长三角区域开放，最后向全国开放。只要依法在县级以上民政部门登记，符合项目专业资质要求，无不良诚信记录，均可向苏州市政府采购平台参加试点项目招投标，吸引了一批资质好、能力强、服务优的外地社工机构支持和加盟苏州市的改革，如广州"大同"、深圳"东西方"、上海"屋里厢""映绿"等优秀社会组织纷纷落地苏州、融入苏州，一边服务、一边本土化，带动了苏州市社会组织整体专业水平的提升。由此可见，苏州的社会组织发展没有搞"地方保护"，而是"打破门户"、开放搞活，支持有序竞争，鼓励优胜劣汰，促进共同发展。

朱志伟：2020 年底，您从市民政局副局长的岗位上退居二线后，是什么原因使您选择到苏州市社会组织促进会（以下简称"市社促会"）发挥余热？

胡跃忠：我的个人本愿是"一退到底，安得其所"。后来我又选择到市社促会工作，在很大程度上还是使命未了、心愿未尽的内心驱动所致。事实上，退居二线后，我也没有闲着，这边交接分管工作，那边接到市妇联主管的苏州市少儿基金会的邀请，帮助其链接资源、扩大募集、创新救助。同时，我牵头策划市妇联、市少儿基金会、市慈善总会联合建设银行苏州支行共同打造以关爱困境儿童为使命的"幸福港湾"项目，计划用三年时间投入千万元资金，在全市近百个街道（镇）各建一所"幸福港湾"基地，助力和促进困境儿童健康成长。市少儿基金会当年募集资金由不足 300 万元提高到 500 万元，项目平稳推进，次年获评苏州慈善奖和全国妇联表彰。为此，局领导见我"退岗不褪色"，就不断说服我到市社促会工作。一次、二次、三次……最终，我还是服从和接受组织决定，转岗来到市社促会。因我长期在政府部门工作，深知社会组织整体上还是"困难"阶层，发展任重道远，许多社会组织尤其是初创期的社会服务机构生存发展困难重重，需要更多理解、更大扶持。市社促会既是社会组织的"娘家"，也是服务和支持社会组织健康有序发展的"平台"。我来到这个新岗位，可以一心一意、竭尽所能地为社会组织服务。所以，即使不取一分报酬，我也乐意为社会组织做好力所能及的工作。

朱志伟：市社促会是 2011 年成立的。与以往相比，现在市社促会是否能够承担一些职能、发挥新作用？

胡跃忠：事物都是在发展中变化和进步的，市社促会也不例外。2023 年是我履职市社促会会长的第三个年头。与以往相比，市社促会承担的职能更多、任务更重，发挥的作用也更大。除了履行好已有职能、服务好传统对象以外，近年来，我们重点拓展三个方面的新职能。一是助力"长三角"一体化，推动社会组织新发展。2021 年 10 月和 2022 年 11 月，在苏州市委市政府的关心支持和上海交通大学、华东理工大学、上海长三角社会组织发展中心的协同配合下，我们联合苏州市红十字会、市慈善总会等群团组织和社会组织，连续成功举办了首届、二届"长三角社会组织协同发展苏州大会"，首届大会获评"2021 年中国社会组织十件大事"，二届大会有超过千家社会组织、6 万人次公益伙伴线上线下参加。2023 年下半年，我们将举办的第三届大会业已形成长三角有品牌、全国有影响的新时代社会组织发展品牌。二是扩大"政府、社会组织和企业"合作，打造共建、共享、共赢的新平台。每年我们要给会员单位的行业协会商会、社会服务机构、基金会举办 4～5 场以政策宣讲、品牌推荐、创新创优为主题的座谈会或现场会，以推动政府、社会组织和企业对话交流、资源链接、供需对接、舒困解难等，积极为社会组织办实事、做好事。三是创新开展社会组织党的建设，发挥红色引领新动能。2015 年，苏州市在全省率先成立地级市社会组织党委，有组织、有步骤、有举措地推进社会组织党的组织、党的工作"两个全覆盖"。2018 年，苏州市社会组织党委在全市社会工作服务机构聘任了 48 名"红色社工"，作为党建引领社建的"种子"，推动社会组织党建工作落地落细；以"红色社工"为纽带，陆续推出"红色故事会""红色心桥""红领工程"等系列品牌，形成了以苏州公益园为支点、辐射全市、四级联建的"红色孵化器"群，并在全省社会组织党建工作会上介绍经验。

朱志伟：发挥枢纽和支持作用是市社促会的重要功能。这些年来，市社促会自身在推动社会组织培育发展方面的实际成效如何？

胡跃忠：市社促会体现的枢纽型、支持性功能作用主要有以下三个方面。一是依托市公益园，为全市孵化培育了一批创新型社会组织。前后共有 6 批社会组织入驻公益园，每批 6~8 家，加起来至少有 40 家社会组织从我们这里孵化出壳、放飞成长。二是借助各方资源，分层分类地建立了百名社会组织领域专家师资库。专家来自政府部门、大专院校、企事业单位、社会组织和街道社区等不同领域和层面，主要为各级各地社会组织人才培养、等级评估、政策创投、项目策划、优秀案例评审提供专业支持和决策咨询意见。三是适时开展专题调研，为党委政府和登记、主管部门决策提供意见建议。近年来，市社促会先后为市民政局撰写提交《苏州市社会组织公益发展报告（2010—2020）》《社会组织参与应对突发公共事件实务规范》《长三角社会组织优秀案例汇编》等调研成果及相关建议，均被采纳和肯定。

朱志伟：社会组织监管与规范也是市社促会的一项职能，在这方面，市社促会的主要做法有哪些？

胡跃忠：受市民政局委托，市社促会主要通过对全市社会组织的等级评估、专业培训、联合检查等途径，协助登记和主管部门做好社会组织的依法监管、规范发展工作；等级评估、专业培训对象不限于市社促会的会员单位，面向全市社会组织，评估过程就是监管过程，特别是对社会组织项目管理、账务管理、内部治理等内容的全面检查、评估和分析，可以发现社会组织依法自治、民主管理、廉洁自律等方面存在的薄弱环节。所以，我们会结合每年等级评估向市民政局提交一份翔实、客观的评估报告，重点指出问题和漏洞，提出改进意见和建议。此外，我们还通过参加会员单位换届大会、述职报告、征求意见、走访座谈、来信来访等途径，推动社会组织自我监督和相互监督，促进其健康有序发展。

朱志伟：良好的政策环境是社会组织高质量发展的前提和保证。与省内外其他地方相比，您认为苏州市社会组织发展环境如何？问题在哪里？

胡跃忠：我的个人看法是总体向好，但仍有不足。总体向好体现在各级党委政府越来越重视加强社会组织建设，发挥社会组织作用，政府向社会组织购买服务机制进一步完善，购买服务投入进一步加大，从"三社联动"到"五社联动"，基层治理效能进一步提升，社会参与和社会活力进一步被激发，这是主流和大势，必须看到和肯定；仍有不足主要体现在社会组织发展层次、规模、实力和水平，地区之间、城乡之间不平衡、不充分，一些地方对社会组织的认同度、接受度、重视度也有差距，社区社会组织发展水平参差不齐，有的农村社区社会组织尚属"空白"，亟待加强和改进。

朱志伟：去年昆山市开出全国首条慈善社工服务专线，开设了12345－5号线，由社会工作机构提供相关的慈善帮扶、心理疏导等服务。未来，这类服务能否在苏州市范围内推广？

胡跃忠：这是非常好的创新举措，完全可以复制、推广，但有三个问题需要解决。一是社会组织的服务供给能力要能基本满足服务需求。需求是多元化的，如果求助电话要求精准提供某项个性化、专业化服务，社会组织能否"接得住"并让求助者满意，这是关键。二是要考虑服务成本，无论提供的是线上还是线下服务，都需要专业人员全日制在岗在线。服务对象是不特定群体，这就需要通过政府购买服务方式解决运行成本问题，保障社会组织人力投入。三是要跟进服务、评估问效。任何服务都需要监管，才能保证质量，热线服务成效如何，慈善帮扶有没有到位，服务对象满意不满意，需要借助科学、规范的测评监管体系来监管和评估。所以，这项制度的复制、推广，仅靠社会组织是不够的，还需要相关部门牵头和搭台，引入专业化社会组织承接和提供服务，建立健全第三方测评监管制度等。

朱志伟：您认为苏州市社会组织高质量发展还存在哪些问题，有哪些建议或者具体规划？

胡跃忠：苏州市社会组织崛起于改革开放，沐浴党的阳光成长，20世纪80年代萌发、90年代勃发，新世纪高发，到今天已经进入放管结合、稳中有进、健康发展阶段，但与高质量发展还存在较大差距，需要积极努力、持续推进。我个人认为，推动社会组织高质量发展，首先要强化党建引领，确保社会组织正确的政治方向，最根本的就是坚定"永远听党话、自觉跟党走"的政治信念，提高党建工作"两个覆盖"的质量效益；其次要完善政策法规体系，坚持放管结合推动社会组织健康有序发展，一手抓培育发展，一手抓依法监管，"两手抓"缺一不可、一体推进；最后要注重人才建设和信息支撑，努力锻造一支专业化、职业化、本土化相结合，忠诚、专业、自律的社会组织高质量人才队伍，大力提高社会组织学习、研发、运用和维护大数据、云计算、区块链新技术新平台的能力，推动社会组织服务管理向智能化、现代化发展。当然，要实现社会组织高质量发展，依法自治、民主管理、廉洁自律、公开透明等也十分重要。我们一向都是这么做的，在此我就不展开了。

朱志伟： 和您交谈使我们收获颇多，非常感谢您在百忙之中接受访谈。

医疗服务何以嵌入社区？

——以美国马萨诸塞州社区合作伙伴（CP）计划和社区服务机构（CSA）为例[*]

齐　昕^{**}

摘　要： 医疗服务下沉社区是实现居民"病有所医""病能速医"的有效手段，也是提升基层治理水平的重要举措。美国马萨诸塞州通过实施社区合作伙伴（CP）计划和建立社区服务机构（CSA）实现了医疗服务在社区范畴内的嵌入。本文从服务内容、组织架构、经费来源等方面对社区合作伙伴计划、社区服务机构进行了系统分析，发现其在社区内部针对广泛居民特别是行为健康患者、老年人等特殊群体提供高效、便捷、稳定的护理服务，并对专业医疗服务资源进行整合，以实现差异化、针对性的医疗服务。同时，社区合作伙伴计划、社区服务机构与政府、专业医疗机构及社区居民建立良好的合作关系是医疗服务下沉社区的关键要素。我国可从中获得培育社会组织、构建合作机

  * 基金项目：国家自然科学基金中国城镇住房制度变迁对居民福祉的影响研究：理论机制、效应评估与政策优化（项目编号：NSFC71974125）。

  ** 齐昕，上海交通大学中国城市治理研究院博士研究生，主要从事社区治理、公共政策等方面的研究，E-mail：chisensen@sjtu.edu.cn。

制、建立完善医疗数据共享平台、增强公众参与意识等重要启示。

关键词：医疗服务下沉；社区合作伙伴；社区服务机构；多元主体合作

一 引言

在疫情防控中，社区因发挥了重要的作用而被视为疫情防控的"第二前线"，社区被划分为重要的治理单元，社区居委会被授权在政府垂直动员和横向利益相关者之间发挥关键的协调作用（Liu et al.，2022）。社区工作者成为抗击疫情的一线工作者，在保障居民生命、财产安全方面发挥了重要作用。一方面，我们认识到社区居委会作为对接居民的"触角"，社区层面的治理有助于"跑赢最后一公里"，落实相应的政策措施，以实现敏捷、高效治理；另一方面，我们也注意到，社区工作者在面对关乎居民生命健康等相关紧急事件时，显现出专业素养不足、响应速度偏慢、技能人才短缺的问题，同时，特殊人群（老年人、患有严重疾病人群等）的健康照护问题也是长期需要面对的问题。我国的医疗服务供给方主要集中于医院、照料服务中心等专业医疗机构，基层医疗资源的匮乏导致相关服务尚未下沉到社区、家庭及个人，居民的就医距离，即需求端和供给端的物理距离较远。这便导致当疫情等危机来临，社会无法流动、物理距离被局限固定时，医疗供给和需求之间的链条断裂。医疗资源下沉一直是我国医疗系统优化升级的重要任务。2020 年，国家卫生健康委体制改革司司长梁万年就在国务院新闻发布会上表示"公立医院在整合型的服务体系建设当中，核心要素是要把它的优质资源下沉到社区，而不能产生对上的虹吸作用"。① 那么，

---

① 《多方面着力深化公立医院改革》，中华人民共和国中央人民政府，https://www.gov.cn/xinwen/2020－07/28/content_5530705.htm，最后访问日期：2023 年 5 月 31 日。

如何基于现有社区治理单元的优势，推动我国医疗服务资源的下沉与嵌入，以实现"病有所医"基础上的"病能速医"以及特殊人群医疗需求的持续稳定供给？这是后疫情时代我们亟须反思和解决的难题。

美国马萨诸塞州位于美国东北部，是新英格兰六州里人口最为密集的州，其首府波士顿，为新英格兰六州里人口最为密集的城市。马萨诸塞州自 2006 年推行医改之后，通过州法律要求州内每个居民都需获得至少最低水平的健康保险（MassHealth）①，并在此基础上通过社区合作伙伴（Community Partner，CP）计划和社区服务机构（Community Service Agency，CSA）实现医疗服务在社区层面的覆盖与下沉。那么，美国的社区医疗照护模式有哪些成功经验？这些经验是否可以成为学习借鉴的样本？基于此，本文将对美国马萨诸塞州的社区合作伙伴计划以及社区服务机构的服务内容、组织架构、经费来源等情况进行介绍，并在此基础上进一步剖析政府社区合作治理模式的生成逻辑及其合作关系的优化路径，以期为完善我国社区医疗服务体系、提升我国社会治理水平提供学术参考。

二　医疗服务嵌入社区的基本情况

美国马萨诸塞州（以下简称"麻州"）通过和社会组织建立合作关系、授权专业社会服务机构等方式实现面向不同人群需求、全方位覆盖的社区医疗服务供给。

（一）目标和职能

社区合作伙伴计划基于社区实体，面向特殊人群提供相关医疗服务，分为行为健康（Behavior Health，BH）和长期服务支持（Long-

---

① 在马萨诸塞州，医疗补助和儿童健康保险计划（Children Health Insurance Plan，CHIP）合并为一个名为健康保险的计划。健康保险会员可以获得医生访问、处方药、住院和许多其他重要服务。

Term Services and Supports，LTSS）两个板块。每年麻州政府将会选择
20 个左右的组织作为社区合作伙伴①。行为健康是为有重大行为健康需
求（包括严重精神疾病和药物成瘾）的会员提供支持和服务，目前最
多可支持 35000 名患者；而长期服务支持是为某些需要长期照护的会
员，如有身体和发育障碍以及脑损伤的儿童和成人，提供长期照护服
务，目前最多可支持 20000～24000 名会员。社区合作伙伴计划是面向
麻州医疗补助和儿童健康保险计划②确定的某些会员提供护理管理和协
调服务的社区实体。该计划主要有以下六个目标：（1）支持具有重大行
为健康需求（包括严重精神疾病和成瘾）和复杂长期服务支持需求的会
员，帮助他们浏览麻州行为健康和长期服务支持医疗保健系统；（2）通
过全面吸引具有重大行为健康需求（包括严重精神疾病和成瘾）和复杂
长期服务支持需求的会员，改善会员体验以及提升护理的连续性和质量；
（3）为责任医疗组织和管理式医疗组织创造工作机会，利用他们现有
的专业知识和能力为有行为健康和长期服务支持需求的人群提供服务；
（4）投资推动行为健康和长期服务支持基础设施（如技术和信息系统）
的持续发展，并保证这些基础设施是长期可持续的；（5）在处理健康的
社会决定因素的问题上，改善非政府组织、社区卫生组织、提供者和社
区组织之间的协作，以及完善行为健康、长期服务支持和物理卫生保健
提供系统，以打破现有的孤岛并提供综合保健；（6）秉持社区优先③的价

---

① 详细名单见麻州政府网站社区合作伙伴名单公示，https：//www. mass. gov/info-details/list-of-masshealth-community-partners。

② 麻州医疗补助和儿童健康保险计划包括三种健康计划类型：（1）责任医疗组织健康（ACO）计划，是由医生、医院和其他医疗保健提供者组成的团体，他们齐心协力为 MassHealth 会员提供协调、高质量的护理；（2）管理式医疗组织健康（MCO）计划，是由保险公司运营，他们通过自己的网络提供护理；（3）初级保健临床医生（PCC）计划，是针对健康保险会员的全州管理式医疗健康计划，提供最基础的医疗服务。详情见网址 https：//www. masshealth-choices. com/en/choosing-a-health-plan。初级保健临床医生计划者不可以享受社区合作伙伴计划的服务。

③ 社区优先是一项政策议程，旨在通过扩大、加强和整合以人为本、高质量并提供最佳选择的社区长期支持系统，提高残疾人和老年人在社区中有尊严和独立地生活的能力。

值观，以患者健康恢复为先，推崇独立化居住①，提升社区文化能力。

社区服务机构是一个以社区为基础的组织，其功能是帮助那些需要或已经使用多种服务/多个儿童服务系统（如儿童福利、特殊教育、少年司法、心理健康等）的严重情绪障碍（Serious Emotional Disorder，SED）儿童。目前，麻州地区总共有 39 个社区服务机构，29 个为地理社区服务机构，在各地理区域提供服务，还有 3 个为文化和语言专业的特殊社区服务机构，以满足麻州特定文化或语言群体的需求。但值得注意的是，所有社区服务机构都被要求具有文化相关性，并要根据"包裹式"（Wraparound）原则②来提供满足儿童及其家庭个性化需求的服务。社区服务机构的目标和职能包括：（1）利用"包裹式护理计划"流程，积极吸引寻求重症监护协调服务和家庭支持与培训服务的青年和家庭；（2）提供重症监护协调，使用专门的护理协调员进行培训；（3）为重症监护协调和家庭支持培训服务提供基础设施支持；（4）积极参与质量改进过程，从青少年、家庭、提供者和其他人中提炼"经验教训"，并基于此不断塑造并优化社区服务机构的愿景和功能；（5）发展和支持一个当地护理系统委员会（Systems of Care Committee），使其主要负责在家庭、父母/家庭组织、传统和非传统服务提供者、社区组织、国家机构、信仰团体、地方学校和其他利益攸关方之间建立和维持合作伙伴关系，以更好地支持社区服务机构服务的供给。

（二）主要服务内容

在行为计划社区合作伙伴计划中，合作的提供商机构嵌入社区之

---

① 美国联邦社区生活管理局（ACL）在 1973 年的《康复法》中提出了独立生活哲学，认为应最大限度地发挥残疾人的领导能力，赋予他们权力、独立性和生产力，让残疾人充分融入美国主流社会。

② "包裹式"原则主要包括以下内容：个性化（Individualized）、尊重家庭的声音和选择（Family Voice and Choice）、社区导向（Community-based）、合作（Collaboration）、文化相关性（Culturally Relevant）、团队导向（Team-based）、充分利用自然支持（Natural Supports，实指救助者家庭及社区关系）、挖掘并延续服务优势导向（Strengths-based）、无条件服务（Unconditional，指遇到挫折时不会放弃任何一个被服务者）、成果导向（Unconditional）。

中，主要体现在机构的护理协调员、护士和专家均居住在所服务的社区之中，有助于快速响应健康保险会员的需求。不同的提供商服务会有所差异，但基本上都是针对有行为健康治疗需求的会员提供以下服务：（1）了解会员的健康状况，帮助会员链接正确的护理资源，并与初级保健医生、医学专家、责任医疗组织和管理式医疗组织形成协调合作关系；（2）提供住房、营养、就业和健康指导，以实现改善健康的目标；（3）提供药物支持、健康辅导、护理服务等。复杂长期服务支持社区合作伙伴计划的服务内容更为丰富，依据不同会员的需求提供精细化、针对化服务，主要包括：（1）成人日间健康，即会员会在社区内结构化的场所（非住宿的）获得日间的护理服务，包括有组织的护理、治疗、个人护理、病例管理、营养服务等；（2）成人寄养服务，即由住家看护人提供 24 小时个人护理援助，以便会员成功完成以下至少一项活动，如洗澡、穿衣、如厕、转移、移动（行走）、进食等；（3）持续专业护理，即每次向会员家中提供连续 2 小时以上的护士访问；（4）日间适应训练，即为有智力或发育障碍的成年会员提供结构化的、有目标导向的服务，防止会员的情况恶化，并促进培养、提升会员独立生活和自我管理的能力；（5）团体成人寄养，即和成人寄养服务不同，主要面向老年人及低收入居民，在政府批准的集体住宅中提供寄养服务。

（三）组织架构及系统流程

社区合作伙伴的组织结构主要由执行委员会、消费者委员会、质量管理委员会组成（见表1）。

表 1　社区合作伙伴主要组织结构及职能定位

组织结构	职能定位
执行委员会	拥有一个完善的执行委员会，定期与行政和临床领导举行会议，讨论提高运营效率的战略；由理事机构领导，这些理事机构定期（至少每季度）与附属合作伙伴（AP）进行交流

组织结构	职能定位
消费者委员会	招募会员加入消费者委员会，并通过这些会员观察、收集其他会员的相关信息以优化服务内容，传播相关信息；招募附属护理人员和会员家庭会员、医疗保健提供者等协助消费者委员会开展工作，如提供技术援助、会议支持等
质量管理委员会	收集服务数据（如医疗记录审查、利益相关者意见、会员反馈、利用率审查、调查数据、护理计划数据和绩效数据等）、评估护理人员压力、分析基础设施使用情况等，制订并推进质量改进计划

社区合作伙伴的运作流程主要面向会员端、服务供给端（主要为责任医疗组织和管理医疗组织）、系统端。具体而言，面向会员端，即在初期建立会员参与的联合机制，全面评估会员情况、记录会员需求，让会员参与护理协调过程，并一同确定合适的护理计划、建立会员的信息库；面向服务供给端，主要与责任医疗组织和管理医疗组织的主要联系人定期举行沟通会议，确认有效的服务流程，同时要对会员情况进行护理案例审查，并及时审查、整合会员临床事件数据（包括入院、出院、转移等）；面向系统端则是针对服务全流程的优化，即通过开展数据驱动的质量计划，跟踪会员动态并提升会员参与度，还需要与责任医疗组织和管理医疗组织建立全面的护理计划审查流程，让医护服务者全面加入计划审查行列中。此外，社区合作伙伴还需要使用相应的护理数据平台［电子健康记录（Electronic Health Record，EHR）］，实现会员医疗相关信息的及时互通，并每天进行信息更新，以提高不同机构间的协作，实现服务质量全过程追踪。

社区服务机构由于各机构服务内容、目标不同，因而具有不同的组织架构，在此不作详细介绍。

（四） 经费来源

社区合作伙伴计划和社区服务机构的经费主要来自麻州交付系统改革激励支付（Delivery System Reform Incentive Payment，DSRIP）。支付系统改革激励支付在麻州运营，每五年制定更新一次。麻州最新一轮支付系统改革激励支付起始于 2018 年，是一项 18 亿美元、为期五年的投资计划，主要用以支持麻州健康保险服务系统的发展，其中 30%的金额用以支持社区合作伙伴和社区服务机构，共计 5.47 亿美元（见图 1）。

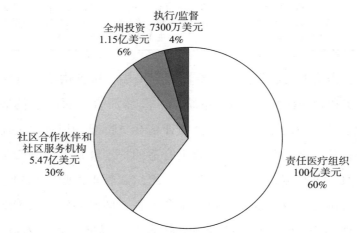

图 1 麻州交付系统改革激励支付经费支出占比

注：全州投资旨在有效提高全州基础设施和劳动力能力，以支持责任医疗组织和社区合作伙伴计划。执行/监督是指对交付系统改革激励支付计划进行监督，确保其有效实施。

麻州政府专门使用一部分交付系统改革激励支付投资设置了针对社区合作伙伴的针对性技术援助计划，以支持其降低总护理成本并改善会员的健康护理体验。其主要包括以下两方面内容。（1）针对社区合作伙伴的学习合作计划，将提供经费为社区合作伙伴举办论坛及专题小型会议，为医护人员提供持续培训和学习社区，以促进彼此之间的学习合作。同时，在交付系统改革激励支付五年期的第一年投资 725000 美元聘请具有领域专业知识和共享学习经验的供应商来设计和管理这些论坛。（2）针对社区合作伙伴和社区服务机构的标准化培训计划。该计划开发在线标准化培训模块，以促进服务质量的提升。儿童健康保险计划在交付系统改革激励支付计划的第一年将在这些模块上投资约 165000 美元，并在未来四年内根据需要进行额外投资。

三　医疗服务何以嵌入社区？

医疗服务内容丰富、技术精密，在供给端和需求端均涉及多元主体、多生产链条，尤其是在基层单位——社区下沉的过程中，更需要编制紧密、有效的合作网络才能将资源均衡分布、服务广泛铺开。基于上述情况，麻州的社区合作伙伴和社区服务机构在具体操作过程中便是依托多主体合作、多平台共享实现医疗资源的社区下沉（见图2），这种协作关系的形成与运作显得尤为关键。那么，其形成和运作机制如何？具体而言，政府、社区合作伙伴、社区服务机构与医疗服务供给方（责任医疗组织和管理医疗组织）之间的关系及协作机制，有待进一步厘清。

政府与社区合作伙伴、社区服务机构之间的关系，主要呈现"自上而下筛选、支持、评估及监督"的形态。在筛选阶段，麻州政府定期对社区合作伙伴、社区服务机构进行严格筛选，确定合作伙伴并向大众公示名单，且名单会依照机构先前的绩效情况进行调整。同时，麻州政府制订每年的经费预算支持计划，依据不同合作机构的具体情况（服务容量、内容及质量等）进行相应的经费供给。各机构在财务上也要严格按照特定的质量指标进行设计和安排，如果没有达到这些指标，那么部分经费将会被收回。此外，合作机构还定期接受政府和大众的监督，需要拟定工作总结并接受麻州政府的评估（如麻州交付系统改革激励支付计划会对各机构进行中期评估）。

医疗服务供给方与社区合作伙伴、社区服务机构之间形成紧密的合作关系，医疗服务供给方对社区合作伙伴、社区服务机构负责。社区合作伙伴、社区服务机构对所服务会员的信息进行收集，并与其沟通制订初步的治疗计划。在此基础上，社区合作伙伴、社区服务机构寻找合适的医疗服务供给方，实施治疗计划。因此，在此过程中，社区合作伙伴、社区服务机构更像"任务发包方"，医疗服务供给方则是"任务承包方"，双方依照会员的意愿及身体情况，合作制订、实施相应的治疗计划，同时双方会定期开展会议动态调整个性化、针对性的治疗方案，并且会实时更新、共享服务会员的信息。基于此，责任医疗组织和管理医疗组织、社区合作伙伴和社区服务机构会就如何合作提供综合护理签署共同协议，并编制具体流程，概述各方在协作护理协调和成员护理管理方面的责任。

社区合作伙伴、社区服务机构与健康计划会员之间形成"服务与被服务""监督与被监督"的关系。具体而言，社区合作伙伴和社区服务机构依照会员情况整合医疗资源，并提供差异化、个性化的服务，或形成医疗服务团体（在团体成人寄养等板块）。同时，会员的直接信息反馈、间接信息数据（其健康数据需要实时上传，作为社区合作伙伴和社区服务机构绩效评估的关键指标）决定着社区合作伙伴和社区服务机构的服务质量评级，进而影响社区合作伙伴和社区服务机构的经费及后一期的名单筛选结果。

综上所述，社区合作伙伴和社区服务机构是在政府的领导和支持下建立起来的以社区为范畴的服务机构，其发挥着以下作用。（1）天然的与社区居民的近距离优势可以更好地发挥信息及服务中介的作用。其服

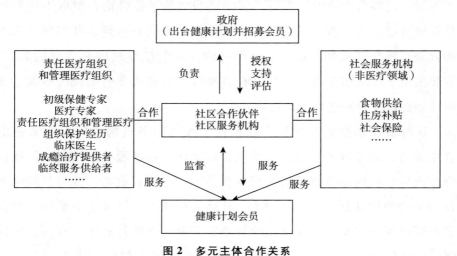

图 2　多元主体合作关系

务人员居住在特定的社区范围内，对服务会员信息掌握完整，因此可以快速了解、响应服务会员的需求，并在此基础上快速整合医疗资源，减少了医疗服务供给端和需求端的信息不对称、错配等问题。（2）社区内部的专业医疗工作者可深入家庭、个人进行医疗知识普及，并提供一些日常的、难度小的医疗护理服务，让会员可以在社区内部接受护理和治疗，这不仅减轻了医院等大型医疗机构的压力，而且让居民可以"足不出户"享受医疗服务，缩短了就医时间，降低了就医难度。

四　对我国的经验借鉴和启示

社区合作伙伴和社区服务机构实质上是麻州政府通过积极吸纳第三方社会力量并采用政府购买服务（给予经费支持）方式在社区范围内全面落实、覆盖医疗保障。

对于我国而言，通过吸纳社会组织提供社区服务也已提上政策议程。第十二届全国人民代表大会第三次会议上的政府工作报告指出，"提供基本公共服务尽量采用购买服务的方式，第三方可提供的事务性管理服务交给市场或社会去办"。"十四五"规划也提出"发挥群团组织和社会组织在社会治理中的作用，畅通和规范市场主体、新社会阶层、社会工作者和志愿者等参与社会治理的途径，全面激发基层社会治理活力"。这些均彰显了社会组织在基层社会治理创新领域的重要使命。事实上，各地政府也积极开展了相应的创新实践，如上海市嘉兴路街道天宝养老院便是在街道支持下设立的面向社区老人提供集中式养老服务的机构。然而，当前我国医疗服务下沉社区还面临着以下难题。一是"自上而下"的资源下沉程度不够。社区医疗服务机构覆盖面不全、数量偏少，尚未出现社区合作伙伴这样的服务机构。居民接受医疗服务主要采用主动到医院就医的方式，而且基本是大型三甲医院。居民对社区卫生服务中心的信任度偏低，一方面造成三甲医疗"供不应求、人满为患"，另一方面导致居民无法在社区内部得到有效、稳定的医疗服务和护理。二是社区医疗服务内容有待丰富和细化。已有的社区卫生机构基本上是全科医生坐诊或养老服务机构偏多，对残疾人、行为健康患者等特殊群体关注不够。

美国医疗服务下沉社区的经验可以为我国提供以下启示。

一是培育社会组织服务意愿，以更好地实现医疗服务属地化供给。事实上，许多基础的医疗诊断、护理服务可以在社区内部完成，因此，基于社区的社会组织应充分发挥属地化的优势，为居民提供快速、个性化的服务。美国社会组织数量众多，发育成熟。在麻州，无论是社区合作伙伴还是社区服务机构均是自负盈亏的成熟组织。政府通过经费支持、购买服务激发其运作、服务的动力。同时，政府会给予相应的技术援助，帮助这些机构高质量、高效率地进入社区，并构建起良性循环的服务体系。基于此，我们首先应建立与社会组织高度平等的共生型关系，提升社会组织的专业权威，通过合作实现"双向赋权、利益共容"（张平、周倩，2022）。同时，我们应通过政府购买、财政补贴、技术援助、培训孵化等方式增加社会组织的资源并提升其能力，引领社会组织迈上良性循环的运作路径，并不断提升社会组织在社区服务中的重要主体地位。

二是构建良好的合作机制、有效的监督评估体系。在增强政府与社会组织合作意愿的同时，合作合同管理、监督评估及反馈才是促进合作关系持续稳定的重要保障。一方面，我们应明晰社区社会组织的合同权责、服务定价、质量指标，做好政府经费支持预算，确保合作契约的合法性和合理性，规避舞弊和灰色收入的空间；另一方面，我们应建立完善的评估监督体系，科学界定服务质量标准，严格依照服务数据进行质量把控，并将评估结果作为合作关系存续、经费支持规模的首要参考标准。

三是建立完善医疗数据共享平台。医疗服务下沉社区的一大难点在于，社区服务工作者既无法对社区患者的健康数据进行实时监测，及时掌握医疗需求，也无法了解专业医疗机构的实时医疗服务供给规模及计划，难以进行三方信息互通，使医疗配给与需求之间仍存在巨大的信息鸿沟。从麻州的经验可知，数据共享平台是服务的基础信息技术保障，社区合作伙伴和社会服务机构对服务会员健康数据的实时上传、不同医疗机构中的数据互通都是重要的服务质量指标。

四是增强社区公众参与意识。政府向社会组织购买服务，具有国家、政府、社会共同改造，政府、市场和公民责任共同承担的内在机理（王浦劬，2015）。医疗资源成功实现社区下嵌，得到社区居民的认可是第一步。这需要通过广泛宣传、树立样本，提升居民对社区医疗服务的信任度。进一步地，我们应提升居民在构建自身医疗服务体系过程中的"主人翁"意识，使其将自身视为社区服务购买的委托方，不仅要提出自身医疗需求及对医疗计划的建议，还要积极履行监督、评估社区服务项目的义务。此外，我们还应建立起畅通的社区意见表达机制，通过入户走访调研、电子问卷、社区听证会等形式收集居民的诉求，帮助相应的医疗服务社会组织顺利嵌入社区，并提高其与社区、居民的适配程度。

【参考文献】

王浦劬，2015，《政府向社会力量购买公共服务的改革意蕴论析》，《吉林大学社会科学学报》第 4 期，第 78～250 页。

张平、周倩，2022，《委托代理之后：政府购买社会组织社区服务的堵点与疏解——基于辽宁省 S 市 D 社区的个案观察》，《北京行政学院学报》第 6 期，第 90～98 页。

Liu, Z., Lin, S., Lu, T., Shen, Y., and Liang, S. 2022. "Towards a Constructed Order of Co-governance: Understanding the State-society Dynamics of Neighborhood Collaborative Responses to COVID-19 in Urban China." Urban Studies.

稿约及体例

《中国社会组织研究》（*China Social Organization Research*）由上海交通大学国际与公共事务学院、上海交通大学中国公益发展研究院、上海交通大学第三部门研究中心主办，上海交通大学中国公益发展研究院院长、上海交通大学第三部门研究中心主任徐家良教授担任主编，是社会科学文献出版社出版的 CSSCI 来源集刊，每年出版 2 卷，第 1 卷（2011 年 6 月）、第 2 卷（2011 年 11 月）、第 3 卷（2012 年 6 月）、第 4 卷（2012 年 12 月）、第 5 卷（2013 年 8 月）、第 6 卷（2013 年 12 月）、第 7 卷（2014 年 6 月）、第 8 卷（2014 年 12 月）由上海交通大学出版社公开出版。从第 9 卷开始由社会科学文献出版社出版，现已经出版到第 24 卷（2022 年 12 月）。

本刊的研究对象为社会组织，以建构中国社会组织发展理论和关注现实问题为己任，着力打造社会组织研究的交流平台。本刊主张学术自由，坚持学术规范，突出原创精神，注重定量和定性的实证研究方法，提倡建设性的学术对话，致力于提升社会组织研究的质量。现诚邀社会各界不吝赐稿，以共同推动中国社会组织研究的发展。

《中国社会组织研究》设立四个栏目："主题论文""书评""访谈录""域外见闻"。"主题论文"栏目发表原创性的理论和实证研究文章；"书评"栏目发表有关社会组织重要学术专著评述的文章；"访谈录"栏目介绍资深学者或实务工作者的人生经历，记录学者或实务工作者体验社会组织研究和实践活动的感悟；"域外见闻"栏目介绍境外社会组织研究机构和研究成果。

《中国社会组织研究》采用匿名审稿制度，以质取文，只刊登尚未公开发表的文章。

来稿请注意以下格式要求：

一、学术规范

来稿必须遵循国际公认的学术规范，类目完整，按顺序包括中英文标题、作者姓名、工作单位和联系方式、中英文摘要及关键词、正文、引注和参考文献。

（一）标题不超过 20 字，必要时可增加副标题。

（二）作者：多位作者用空格分隔，在篇首页用脚注注明作者简介，包括工作单位、职称、博士学位授予学校、博士学位专业、研究领域、电子邮箱。

（三）摘要：简明扼要地提出论文的研究方法、研究发现和主要创新点，一般不超过 300 字。

（四）关键词：3~5 个，用分号隔开。

（五）正文：论文在 8000~15000 字，书评、访谈录、域外见闻 2000~8000 字。

（六）作者的说明和注释采用脚注的方式，序号一律采用"①、②、③……"，每页重新编号。引用采用文内注，在引文后加括号注明作者、出版年份，如原文直接引用则必须注明页码，详细文献出处作为参考文献列于文后，以作者、书（或文章）名、出版单位（或期刊名）、出版年份（期刊的卷期）、页码排序。文献按作者姓氏的第一个字母依 A-Z 顺序分中、英文两部分排列，中文文献在前，英文文献在后。作者自己的说明放在当页脚注。

（七）数字：公历纪元、年代、年月日、时间用阿拉伯数字；统计表、统计图或其他示意图等，也用阿拉伯数字连续编号，并注明图、表名称；表号及表题须标注于表的上方，图号及图题须标注于图的下方，例如"表 1……""图 1……"等；"注"须标注于图表下方，以句号结尾；"资料来源"须标注于"注"的下方。

（八）来稿中出现外国人名时，一律按商务印书馆出版的《英文姓名译名手册》翻译，并在第一次出现时用圆括号附原文，以后出现时不再附原文。

二、资助来源

稿件如获基金、项目资助，请在首页脚注注明项目名称、来源与编号。

三、权利与责任

（一）请勿一稿数投。投稿在 2 个月之内会收到审稿意见。

（二）文章一经发表，版权即归本刊所有。凡涉及国内外版权问题，均遵照《中华人民共和国著作权法》及有关国际法规执行。

（三）本刊刊登的所有文章，如果要转载、摘发、翻译、拍照、复印等，请与本刊联系，并须得到书面许可。本刊保留法律追究的一切权利。

四、投稿

《中国社会组织研究》随时接受投稿，来稿请自备副本，一经录用，概不退稿。正式出版后，即送作者当辑集刊 2 册。期刊已采用线上投稿系统，具体可以登录 dsbm.cbpt.cnki.net 进行投稿操作（如有问题，请联系邮箱 cts@sjtu.edu.cn）。

五、文献征引规范

为保护著作权、版权，投稿文章如有征引他人文献，必须注明出处。凡投稿者因违反法律法规规定或其他原因导致的知识产权、其他纠纷等问题，本刊保留法律追究和起诉的权利。本书遵循如下文中夹注和参考文献格式规范。

（一）文中夹注格式示例

（周雪光，2005）；（科尔曼，1990：52~58）；（Sugden，1986）；

（Barzel，1997：3 – 6）。

（二）中文参考文献格式示例

曹正汉，2008，《产权的社会建构逻辑——从博弈论的观点评中国社会学家的产权研究》，《社会学研究》第 1 期，第 200 ~ 216 页。

朱晓阳，2008，《面向"法律的语言混乱"》，中央民族大学出版社。

詹姆斯·科尔曼，1990，《社会理论的基础》，邓方译，社会科学文献出版社。

阿尔多·贝特鲁奇，2001，《罗马自起源到共和末期的土地法制概览》，载徐国栋主编《罗马法与现代民法》（第 2 卷），中国法制出版社。

（三）英文参考文献格式示例

North，D. and Robert Thomas. 1971. "The Rise and Fall of the Manorial System：A The oretical Model." *The Journal of Economic History*，31（4），777 – 803.

Coase，R. 1988. *The Firm*，*the Market*，*and the Law*. Chicago：Chicago University Press.

Nee，V. and Sijin Su. 1996. "Institutions, Social Ties, and Commitment in China's Corporatist Trans for mation." In Mc Millan J. and B. Naughton（eds.），*Reforming Asian Socialism*：*The Growth of MarketInstitutions*. Ann Arbor：The University of Michigan Press.

六、《中国社会组织研究》地址联系方式

上海市徐汇区华山路 1954 号

上海交通大学徐汇校区新建楼 123 室

上海交通大学中国公益发展研究院

上海交通大学第三部门研究中心

邮编：200030 电话：021 – 62932258

联系人：成丽姣 手机：18761808278

致　谢

　　李健（中央民族大学）、杨永娇（重庆大学）、周俊（华东师范大学）、朱晓红（华北电力大学）为《中国社会组织研究》第 24 卷进行匿名评审，对他（她）们辛勤、负责的工作表示衷心的感谢！

CHINA SOCIAL ORGANIZATIONS RESEARCH

Vol. 25 （2023）

Table of Contents & Abstracts

ARTICLES

The Multiple Paths of Social Force to Participate in the Third Distribution——The Grounded Theory Analysis of the New Social Classes

Lu Haiyan Zhou Jun / 1

Abstract: To play the role of the third distribution and promote common prosperity, it is necessary to provide an appropriate participation path for social forces, but the existing research has not been able to provide a relatively comprehensive and systematic participation path map. Based on the grounded theory analysis of the new social classes, it shows that there are two main ways of social force participating in the third distribution: direct participation and entrusted participation. Under the two paths, there are five sub-paths, namely charity activities, mutual assistance, social entrepreneurship, participation through non-profit organizations and financial institutions, and 11 specific participation ways, including charitable donation, volunteer service and non-profit service, etc. The proposal of multiple participation paths can provide theoretical reference for the practice development and policy optimization of social force participation in the third distribution.

Keywords: social forces; the third distribution; participation paths; new social classes

The Research Approach and Knowledge Framework of Chinese Social Organizations' Participation in Community Governance

Zhang Ran   Lou Xinxin / 19

Abstract: The participation of social organizations in community governance is an important basis for building a community of social governance, and also an essential part of the modernization of national governance. Taking 325 articles published in CNKI Chinese core journals from 2000 to 2022 as a research sample, the bibliometric analysis method was used to present the research overview of social organizations' participation in community governance in China in terms of publication trend, core scholars, and the evolution of research hotspots. Then, based on the intensive reading and analysis of 40 CSSCI journal articles, the knowledge framework "theory-antecedent-process-outcome-context" (TAPOC) of social organizations participating in community governance was constructed. On this basis, the future research prospects were made from three aspects of research methods, research topics, and research situations.

Keywords: social organization; community governance; bibliometrics; grounded theory

A Study on the Impact of Social Capital on Satisfaction with Time Bank Mutual Aid in Old Age

Wan Fang   Sun Xiangyang   Zhou Xi / 45

Abstract: The Time Bank is a model of mutual community care for the elderly with the inter-temporal characteristics of service exchange. This paper draws sample data from two community service points of the Time Bank in

Nansha, Guangzhou, and develops a structural model of satisfaction with mutual aid in old age based on three functional dimensions of social capital, namely trust, norms, and networks. The study measures the stock of social capital in the community and examines its effect on satisfaction with mutual aid in old age. The study concludes that the higher the level of social norms and networks perceived by mutual help participants, the higher the corresponding level of satisfaction with mutual aid will be. In addition, there was no significant association between participants' level of social trust and satisfaction with mutual aid in old age. This may be related to the hierarchy of community trust, and the service characteristics of the Mutual Help Ageing Time Bank model. The paper further provides theoretical support and policy recommendations to promote the sustainable development of the Time Bank mutual care service model.

Keywords: social capital; time bank; community mutual aid in old age

The Government's Action Strategy and Logic for Promoting Social Enterprises to Participate in Community Service—Empirical Investigation Based on the W Area

Zhu Zhiwei   Song Yanqi / 62

Abstract: With the improvement of the level of public demand, community residents have put forward higher requirements for service quality, and it is urgent to innovate the way of community service supply. Social enterprises have been recognized and respected by many local governments for their unique advantages. It has become an effective force in participating in the provision of community services. Based on how the government promotes social enterprises to participate in service as the research starting point, the paper uses case studies to analyze the government's action strategy and internal logic to promote social enterprises to participate in community services. The study found that at this stage, the government mainly provides surport for social enterprises to participate in community services through the application of explicit boosting strategies, implicit boosting strategies, and related boosting strategies. Re-engineering logic, and the resulting boosted integration have strong practical responsiveness and can become a paradigm choice for the community-based development of social enterprises.

Keywords: social enterprise; community service; boosting strategy

Third-Party Evaluation—Based On The Diachronic Investigation of The Project Evaluation Practice of Shanghai H District Women's Federation

Wu Jiajun   Xu Xuanguo / 82

Abstract: Currently, Third-party evaluation is increasingly becoming a technical governance tool and instrument. However, in this paper, the third-party evaluation can actively play the socialization function of promoting construction through evaluation, and its autonomy gradually emerges and becomes one of the governance subjects in the governance structure of District H Women's Federation. Based on the methodological path of "structure-action" integration, this paper uses professional autonomy as the theoretical basis and build an analytical framework for the interconstruction of policy autonomy and professional autonomy. The study finds that the generation of professional autonomy in third-party evaluation is the result of the interconstruction of policy autonomy and professional autonomy, and is a collective action with consensus based on the direction of co-interest. It is further noted that this co-inclusive interest is shaped by the nature of third-party evaluation, the socialization orientation of professional practice, and the mass orientation of the H District Women's Union in the context of group reform. Finally, the symbiotic autonomy proposed in this paper, which breaks away from the dependent autonomy of the previous political-social dichotomy, is a theoretical paradigm of localized practice based on the ongoing coupling of the essential orientation upheld by the third-party assessment and the goals of the Women's Union of District H.

Keywords: the third-party evaluation; professional autonomy; women's social relations; symbiotic autonomy

Research on the Construction Path of Credit Supervision System of Social Organizations in the Context of Digital Governance

Zou Xinyan   Xu Jialiang / 108

Abstract: Credit was an important means of social governance. Building a credit-based social organization supervision system could effectively overcome the difficulties of social organization supervision caused by a large number of institutions, dispersed activities, and large mobility of employees, and promote the standardized and orderly development of social organizations. Drawing on the theory of digital governance, this paper proposed a "three-dimensional" social organization credit supervision system based on a credit supervision system, collaborative work network, and intelligent information technology. The research on the credit supervision practice of social organizations in Chengdu showed that the "three-dimensional integration" social organization credit supervision system could adapt to the requirements of the modernization of government governance in China under the new situation, achieve the governance of social organization credit information data and governance based on credit information data, and further promote the modernization of national governance system and governance capacity. Accordingly, we innovatively proposed the construction path of a credit supervision system for social organizations: improve the institutional arrangement and deepen the standardization construction; improve the organizational structure and strengthen the working foundation; upgrade the management platform and optimize the management services; promote public participation and enhance the working synergy.

Keywords: digital governance; social organization; credit; supervision

The Experience and Enlightenment of International Volunteer Service Risk Management in Korea

Gao Yanjun   Zhang Zuping / 129

Abstract: Compared with domestic volunteer service, the biggest difference of international volunteer service lies in the change and migration of working environment. Different languages, cultures, races and living environments lay great pressure and challenges to the international volunteers, so international volunteer service requires a stronger risk control ability among the volunteers. Volunteer risk management is an important problem in international volunteer service. South Korea has been sending volunteers abroad since the early 1990s. During the past decades of volunteer service, South Korea has been rapidly improved the risk management system of international volunteer service, Certain systems like safety risk control, medical assistance, mental health management and employment assistance have been established. These experiences have a strong enlightening value for China, who now has a new developing international volunteer service.

Keywords: South Korea; international volunteer service; risk management

BOOK REVIEWS

Tools for Handling Complexity Problems——Book Review on Public Entrepreneurship: A Research Method for Creating Social Value Based on Facts

Liu Yuxi / 141

图书在版编目（CIP）数据

中国社会组织研究. 第 25 卷 / 徐家良主编. —— 北京：
社会科学文献出版社，2023.6
ISBN 978 - 7 - 5228 - 2054 - 5

Ⅰ.①中…　Ⅱ.①徐…　Ⅲ.①社会团体 - 研究 - 中国
Ⅳ.①C232

中国国家版本馆 CIP 数据核字（2023）第 121138 号

中国社会组织研究　第 25 卷

主　　编 / 徐家良

出 版 人 / 王利民
组稿编辑 / 杨桂凤
责任编辑 / 孟宁宁
责任印制 / 王京美

出　　版 / 社会科学文献出版社·群学出版分社（010）59367002
　　　　　地址：北京市北三环中路甲 29 号院华龙大厦　邮编：100029
　　　　　网址：www.ssap.com.cn
发　　行 / 社会科学文献出版社（010）59367028
印　　装 / 唐山玺诚印务有限公司

规　　格 / 开　本：787mm × 1092mm　1/16
　　　　　印　张：14　字　数：195 千字
版　　次 / 2023 年 6 月第 1 版　2023 年 6 月第 1 次印刷
书　　号 / ISBN 978 - 7 - 5228 - 2054 - 5
定　　价 / 98.00 元

读者服务电话：4008918866